网页设计与制作

主　编　李佼辉　于新奇
副主编　栾奕娜　聂树成　车延雪　任雪冬

中国水利水电出版社
www.waterpub.com.cn
·北京·

内 容 提 要

本书循序渐进、系统全面地介绍了 Dreamweaver CS6 的基本操作方法和网页设计制作技巧，包括网页设计基础知识、网页制作工具 Dreamweaver、文本与文档、图像和多媒体、超链接、表格和层、表单、CSS 等内容。

本书以《Web 前端开发职业技能等级标准》的知识内容和考点作为编写的重要参考依据，大量引用了其考点内容，并根据考点内容精心设计了课堂案例，通过课堂案例演练学习，使读者迅速掌握《Web 前端开发职业技能等级标准》中要求的基础知识，为考取 Web 前端开发职业技能等级证书（1+X 证书）打下良好基础。读者通过学习书中案例和进行实战练习，能够夯实技能考点，掌握软件使用技巧，拓展实际应用能力。本书的最后引入《Web 前端开发职业技能等级标准》的考试样题及答案，帮助读者检验学习进度和掌握情况。

本书内容较为基础，适合初学者学习使用。本书配有方便实用的教学课件和完备的案例素材，非常适合中职、高职学生使用。

本书配有电子课件，读者可以从中国水利水电出版社网站（www.waterpub.com.cn）或万水书苑网站（www.wsbookshow.com）免费下载。

图书在版编目（CIP）数据

网页设计与制作 / 李佼辉, 于新奇主编. -- 北京：中国水利水电出版社, 2025. 6. -- ISBN 978-7-5226-3505-7

Ⅰ. TP393.092.2

中国国家版本馆 CIP 数据核字第 2025ZD4069 号

策划编辑：崔新勃　　责任编辑：钱诚　　封面设计：苏敏

书　名	网页设计与制作 WANGYE SHEJI YU ZHIZUO
作　者	主　编　李佼辉　于新奇 副主编　栾奕娜　聂树成　车延雪　任雪冬
出版发行	中国水利水电出版社 （北京市海淀区玉渊潭南路 1 号 D 座　100038） 网址：www.waterpub.com.cn E-mail：mchannel@263.net（答疑） 　　　　sales@mwr.gov.cn 电话：（010）68545888（营销中心）、82562819（组稿）
经　售	北京科水图书销售有限公司 电话：（010）68545874、63202643 全国各地新华书店和相关出版物销售网点
排　版	北京万水电子信息有限公司
印　刷	三河市鑫金马印装有限公司
规　格	184mm×260mm　16 开本　12.75 印张　326 千字
版　次	2025 年 6 月第 1 版　2025 年 6 月第 1 次印刷
印　数	0001—2000 册
定　价	39.00 元

凡购买我社图书，如有缺页、倒页、脱页的，本社营销中心负责调换

版权所有・侵权必究

前 言

新一轮科技革命与信息技术革命的到来,推动了产业结构的调整与经济转型升级发展新业态的出现。战略型新兴产业的爆发式发展对新时代产业人才的培养提出了新的要求与挑战。目前,企业对 Web 前端开发工程师的需求量极大,全国总缺口每年近百万人。随着移动互联网技术的高速发展,网站在静态页面的基础上添加了各类桌面软件,因此网页不再仅仅承载单一的文字和图片,而且要求具备炫酷的页面交互和跨终端的适配兼容功能,使用富媒体使网页内容更加生动,从而让用户有更好的使用体验,这些都是基于 Web 前端技术来实现的。

"网页设计与制作"是 Web 前端技术的基础,也是计算机专业课程体系中的专业基础课,其涉及的内容和技术是应用面比较广且比较容易学习和掌握的。"网页设计与制作"是大专院校计算机专业学生的必修课,同时也可以作为非计算机专业学生的选修课或限选课。

本书以《Web 前端开发职业技能等级标准》中要求的职业素养和岗位技术技能为重点、以专业技能为模块、以工作任务为驱动进行编写,使读者对 Web 前端开发的技术体系能有更系统、更清晰的认识。

通过本书的学习,初学者可以学会并掌握网页设计和网站开发的实用技能。全书共分 8 章,内容涉及网页设计基础知识、网页制作工具 Dreamweaver、文本与文档、图像和多媒体、超链接、表格和层、表单及 CSS 等。本书知识全面、概念清晰,以实用为目的,通过浅显易懂的知识讲解,再配以典型案例进行知识技能的强化,使读者容易掌握相关知识,使学习不再枯燥。

本书主要有以下几方面特色。

1. 引入《Web 前端开发职业技能等级标准》的考点

以《Web 前端开发职业技能等级标准》的考点为知识点,以项目案例为载体,系统地讲解考取 Web 前端开发职业技能等级证书所需的知识考点和技能考点。

2. 内容全面,由浅入深

本书详细介绍了 Web 前端开发中涉及的 HTML 和 CSS 的内容和技巧,并重点讲解了学习过程中难以理解和掌握的知识点,降低了学习难度。

3. 理论和实践相结合

本书每章都配有一定数量的实用案例,在全面、系统介绍各章知识内容的基础上,还提供了可以整合综合知识的案例,通过各种案例将理论知识和实践结合起来。

4. 图文并茂

本书的案例代码大部分配有相应的运行结果图,直观的效果使读者可以获得感性认识,从而提高学习效率。

本书由黑龙江农业职业技术学院的李佼辉、于新奇任主编，栾奕娜、聂树成、车延雪、任雪冬任副主编，王树军任主审。本书的第 1、2、8 章由李佼辉编写，第 3 章及附录由栾奕娜编写，第 4 章由任雪冬编写，第 5、6 章由于新奇编写，第 7 章由聂树成、车延雪编写，参与编写的还有东软教育科技集团元宇宙研究院副院长张明宝教授，对全书实训项目的代码进行验证、校对和补充。审校工作由王树军完成，李佼辉、于新奇对全书进行了内容统筹、章节结构设计和统稿。

由于编者水平有限，书中难免存在不足之处，还恳请广大读者不吝赐教。

本书线上课程总码

编 者

2025 年 1 月

目　录

前言

第 1 章　网页设计基础知识 1
 1.1　互联网基础知识 1
  1.1.1　Internet 与 Web 1
  1.1.2　URI、URL、URN 2
  1.1.3　服务器与浏览器 2
 1.2　网页的基础知识 3
  1.2.1　网页的基本元素 3
  1.2.2　静态网页 5
  1.2.3　动态网页 5
 1.3　常见的网站类型 6
 1.4　网页制作软件及标准技术 9
  1.4.1　常用的网页制作软件 9
  1.4.2　网页制作标准技术 10
 本章小结 11

第 2 章　网页制作工具 Dreamweaver 12
 2.1　Dreamweaver 简介 12
 2.2　Dreamweaver 的基本操作 17
 本章小结 19

第 3 章　文本与文档 20
 3.1　网页文本编辑 20
  案例 1　制作一个含文本的网页 20
  案例 2　给网页文本编辑样式 24
  实战 1　制作一个百度诗词页面 31
  实战 2　制作一个腾讯新闻网菜单 31
 3.2　网页文档编辑 31
  案例 1　制作"古诗词译文"网页 31
  案例 2　使用项目编号制作"排行榜"
     网页 36
  实战 1　制作"公司简介"网页 38
  实战 2　制作"美容护肤"网页 39
 本章小结 40

第 4 章　图像和多媒体 41
  案例 1　在网页中插入图像 41

  案例 2　在网页中插入多媒体 47
  实战 1　制作一个宠物狗网店网页 59
  实战 2　制作准妈妈课堂网页 60
 本章小结 60

第 5 章　超链接 61
 5.1　超链接的基本用法 61
  案例 1　制作一个文本的超链接 61
  案例 2　制作图片超链接 64
  案例 3　制作商品信息展示 65
  实战　制作手机商品展示 73
 5.2　锚链接的应用 73
  案例 1　制作锚链接 74
  案例 2　制作电子邮件链接 78
 5.3　超链接的综合应用 79
  案例　制作网页小说 79
  实战　制作网上教程 84
 本章小结 85

第 6 章　表格和层 86
 6.1　表格在网页中的应用 86
  案例 1　创建表格 86
  案例 2　跨行、跨列的表格 89
  案例 3　制作表格图文混排——商品
     展示栏页面 93
  实战 1　制作学生成绩表 95
  实战 2　进行简单的图文混排 96
 6.2　层布局 96
  案例 1　简单的层布局 96
  案例 2　使用混合布局实现家装网站 ... 104
  实战　混合布局 108
 本章小结 109

第 7 章　表单 110
  案例 1　用户注册网页 110
  案例 2　会员注册网页 122

实战 1　用户注册页面 138
　　实战 2　健康测试网页 139
　　实战 3　国际航空网页 140
　本章小结 140
第 8 章　CSS 141
　8.1　CSS 选择器 141
　　案例 1　标签选择器 141
　　案例 2　类选择器 145
　　案例 3　ID 选择器 148
　　案例 4　背景及偏移量 151
　　实战 1　文本属性样式 156
　　实战 2　背景属性 156

　8.2　CSS 的应用及优先级 156
　　案例 1　外部样式表 156
　　案例 2　行内样式表 161
　　案例 3　样式表优先级 163
　　案例 4　CSS 优先级 165
　本章小结 170
Web 前端开发（1+X）考试的考点知识 171
Web 前端开发初级（1+X）理论考试样题 176
Web 前端开发初级（1+X）实操考试样题 182
Web 前端开发初级（1+X）理论考试样题答案 ... 194
Web 前端开发初级（1+X）实操考试样题答案 ... 195
参考文献 197

第 1 章　网页设计基础知识

通过本章的学习，主要了解网页的基本组成、网页的分类、网页与网站的关系，并学习互联网相关知识。

1.1　互联网基础知识

互联网又称国际网络，是指网络与网络之间，以一组通用的协议串联而成的庞大网络，其主要作用就是实现信息传播、交流及资源共享。互联网的普及改变着人们传统的生活方式，使日常工作变得更加方便灵活。互联网的主要优点如下：

（1）高速率传送。信息一经发出，就能迅速让世界各地知晓。

（2）高精度传送。通过线上主动搜索信息，使发布的信息能精确地被传递到用户。

（3）实时便捷。互联网信息传送不受地域、时空限制，人们可以随时随地获取需要的网络信息。

（4）互动联系。人们可以通过多种软件、APP 等工具实现更加灵活、便捷的人与人、人与物的沟通。

（5）展现形式丰富生动。互联网通过动画、音频、视频、图像等进行信息展示，提升了用户体验。

1.1.1　Internet 与 Web

Internet，中文名称为因特网，或者国际互联网，是由使用公用语言互相通信的计算机连接而成的全球网络。用户只需要将个人计算机连接到因特网提供的分支节点，就可以使用因特网，用户使用因特网示意图如图 1-1 所示。目前因特网的用户已经遍及全球，并且用户数还在迅速攀升。

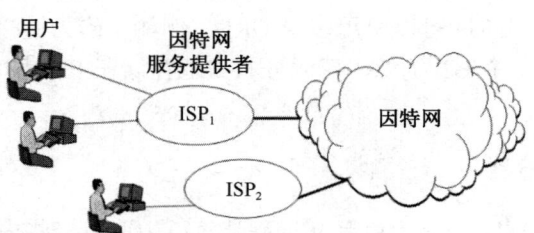

图 1-1　用户使用因特网示意图

Web 是建立在因特网上的一种网络服务，为浏览者在因特网上查找和浏览信息提供图形化的、易于访问的直观界面,其中的文档及超链接将因特网上的信息节点组织成一个互为关联的网状结构。在网页设计中 Web 也有网页的意思。

1.1.2 URI、URL、URN

URI(Universal Resource Identifier),中文名称为统一资源标识符,用于标识互联网某一资源名称。该种标识允许用户通过特定的协议对网络资源进行交互,如下载图片、视频等都需要通过统一资源标识符来进行定位。

URL(Universal Resource Locator),中文名称为统一资源定位符。它属于 URI 的一种,不仅标识了 Web 资源,还指定了操作或者获取方式,同时指出了主要访问机制和网络位置。URL 特别常见,我们常说的 Web 网址就是 URL。

URL 格式构成为:Scheme://host:port/path/?query-string=xxx。

格式组成说明如下:

Scheme:访问的协议,一般为 http、https 或 ftp 等(协议头)。

host:主机名,域名,如 www.baidu.com。

port:端口号,当你访问一个网站的时候,浏览器默认使用 80 端口。

path:查找路径,如 www.jianshu.com/trending/now,其中 trending/now 就是 path。

query-string:查询字符串,如 www.baidu.com/s?wd=python 中的 wd=python 就是查询字符串(即参数)。

URN(Universal Resource Name,统一资源名)也属于 URI 的一种,是用特定命名空间的名字标识资源。使用 URN 可以在不知道其网络位置及访问方式的情况下讨论资源。

URI、URL、URN 三者的关系如图 1-2 所示。可见 URL 和 URN 都是 URI 的一种。

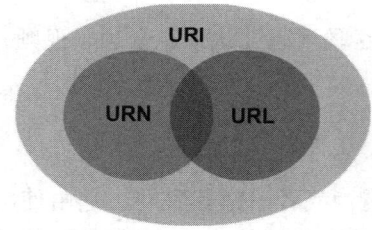

图 1-2 URI、URL、URN 关系图

URN 一般用于标识持久性因特网资源,其可以提供一种机制,用于查找和检索特定定义命名空间的架构文件。尽管普通的 URL 也可以提供类似的功能,但是在这方面,URN 更加强大并且更容易管理,因为 URN 可以引用多个 URL。例如,磁力链接就是 URN 的一种实现。URN 可以持久化地标识一个 BT 资源,资源分布式地存储在 P2P 网络中,用户无需中心服务器即可找到并下载资源。

1.1.3 服务器与浏览器

用户查看网站资源信息,实际上就是从远程计算机中读取一些内容,然后在本地计算机中显示出来。远程计算机即内容信息的提供者,也就是服务器,而本地计算机用于接收信息的工具就是浏览器。不同的人可以利用浏览器同时向服务器发起访问请求。

图 1-3 为客户机获取网络资源信息的过程，也是浏览器与服务器交互的过程，具体过程如下：

（1）用户打开计算机，根据指定的 URL 使用浏览器向服务器发送请求，这就是资源请求过程。

（2）客户端发出的请求通过网络传输到 Web 服务器（也称为 HTTP 服务器），服务器接到浏览器的请求后，把 URL 转换成页面所在服务器的文件路径名。

（3）服务器将找到的资源（HTML、JavaScript 等）通过网络传送给浏览器，这就是响应过程。浏览器对文件资源进行解析，并将解析的内容显示出来，以供用户查看。

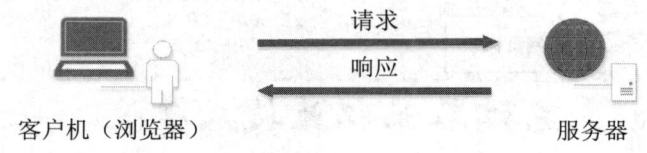

图 1-3　浏览器与服务器交互的过程

1.2　网页的基础知识

网页是构成网站的基本元素，是承载各种网站应用的平台。通俗地说，网站是由网页构成的。网页设计的关键在于组织好页面元素，同时搭配适当的色彩及特效，这样才能构建成一个表意明确、引人注目、具有价值的网页。

网页一般由文本、图像及超链接组成。文本与图片是构成网页的最基本的两项元素。其中文本用作描述网页的内容，而图片不仅能够描述网页的内容，还能够对网页进行美化，使网页更加绚丽多彩。超链接的作用是将多个网页连接成一个有机的统一体。除文本与图片外，网页有时还包括动画、音乐、视频等。

1.2.1　网页的基本元素

网页元素按作用可分为网页标题、页眉、导航栏、内容区和页脚等。

1．网页标题

网页标题用于标识网页内容，其在设计时应注意所包含的关键字，要能够直观反映网页的内容，从而提高网页在搜索引擎中的曝光率。

2．页眉

传统的网页布局通常分为上、中、下三个部分。上面部分设置为页眉，其内容为网站的标志、宣传口号、广告等。有些网站也把导航栏、登录部分、注册部分等放在页眉处。

3．导航栏

导航栏用于引导用户快速进入网站各主体版块页面，实现站内版块页面的跳转。导航栏可以是文字链接，也可以通过图片、代码实现链接功能。导航栏一般分为横向导航和竖向导航：横向导航一般位于页眉下、页眉内或页眉顶部；竖向导航可以放在内容区左侧或右侧。根据展开形式不同，导航可以分为一级导航、二级导航和多级导航。导航栏要方便用户单击，不影响页面美观，通过导航栏链接应能够访问网站中的每一个页面。

4. 内容区

内容区是网页的主体元素，主要由文字、图片等组成，根据网站主题，还可以添加声音、视频、各类动画等多媒体素材。

5. 页脚

页脚位于页面的底端部分，通常用于放置版权信息、联系方式等网站的辅助信息。此外，网页根据需要还可添加功能区、广告区、友情链接等辅助内容。

为了说明页眉、页脚及导航栏具体位置，以黑龙江农业职业技术学院信息工程学院的官方网站为例，来标注网页基本元素，如图1-4、图1-5所示。

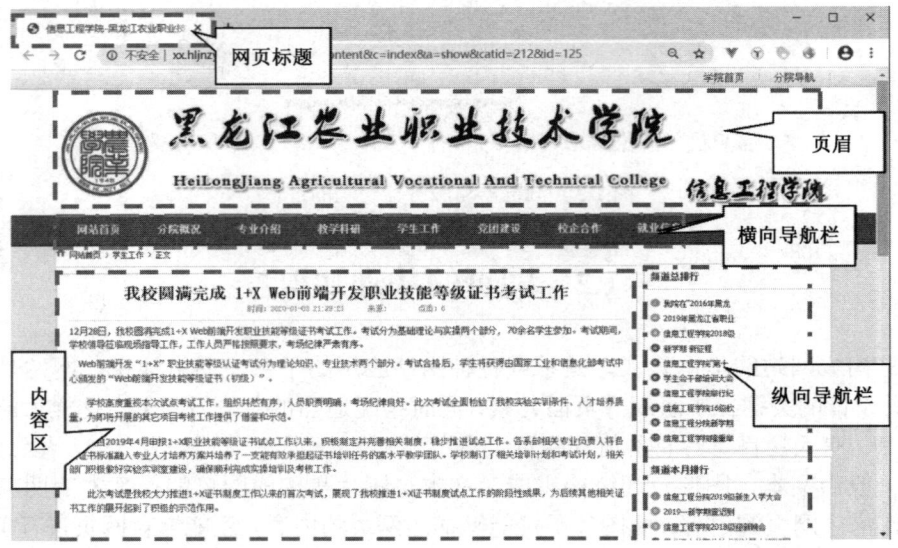

图1-4　网页标题、页眉、内容区、导航栏示意图

图1-5　网页页脚示意图

1.2.2 静态网页

在网站设计中,一般将由纯粹 HTML(超文本标记语言)格式构成的网页称为静态网页。静态网页的文件扩展名是 html,它包含文字、图片、声音、Flash 动画等。静态网页是网站建设的基础,早期的网站一般都是由静态网页制作的。静态网页适用于内容更新少的网站,主要包含如下特点:

(1)每个静态网页的 URL 都是固定的,且静态网页的 URL 通常以 htm、html、shtml 等作为后缀,不含有"?参数"的形式。

(2)无论用户是否通过浏览器向服务器发起访问请求,每个静态网页的内容都保存在网站的服务器上,每个网页都是独立的文件。

(3)相对于动态网页而言,静态网页没有后台数据库,不可交互。当网站信息量较大时,网站更新和维护十分困难。

(4)静态网页交互性差,在功能方面有较大的局限性。

(5)静态网页的内容相对稳定,因此容易被搜索引擎检索到。

图 1-6 所示为一静态网页。

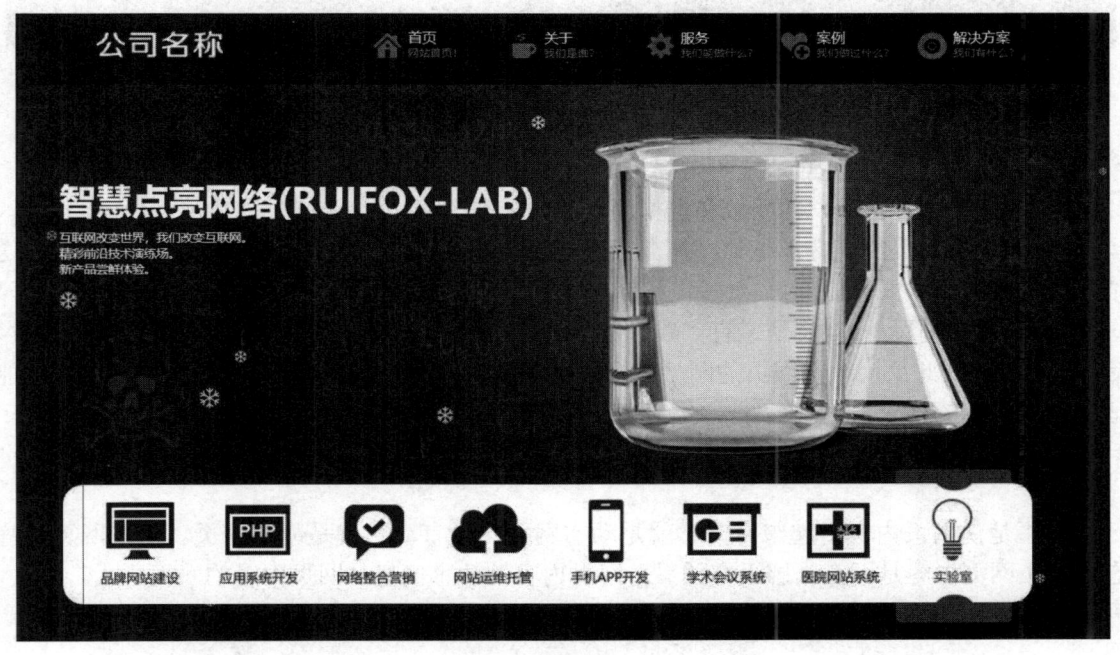

图 1-6 静态网页

1.2.3 动态网页

动态网页是基于 HTML 语法规范并与高级程序设计语言、数据库编程等多种技术进行融合,以期实现对网站内容进行交互式管理。其中常用的四种动态网页技术为 PHP、ASP、JSP、CGI。也可以说,只要是采用了动态网站技术所生成的网页都可以称为动态网页。

常见的动态网页文件扩展名包括 aspx、asp、jsp、php、perl、cgi 等。论坛、登录等界面为常见的动态网页。图 1-7 所示为一个用于登录的动态网页。

图 1-7　动态网页

动态网页主要包含如下特点：

（1）动态网页的 URL 地址不是固定的。

（2）网页会根据用户的要求和选择而动态响应和改变。

（3）动态网页的内容不是独立存在于服务器上的，只有当用户通过浏览器向服务器发送请求时，服务器才能反馈网页。

（4）动态网页的 URL 是带有"？参数"的，而搜索引擎一般不去抓取网址中"？参数"后面的内容，因此采用动态网页的网站在进行搜索引擎推广时，需要作进一步的技术处理才能适应搜索引擎的要求。

【Web 前端开发（1+X）技能点提示】

并不是说网页内容看起来有动感就是动态网页，没有动感就是静态网页。动态网页与静态网页跟网页内容是否有动感没有关系。网页内容的动感仅仅是网页内容的表现形式。总之，只要使用了动态网站技术生成的网页，都可以称为动态网页。

1.3　常见的网站类型

网站是在互联网上拥有独立域名和空间并提供一定网络服务的主机，是以服务器为载体，存储文件的空间。事实上，是否能够作为一个网站与其拥有的网页数量无关，只要有独立的域名和存储空间，就可以称为一个网站。根据内容，网站可以分为如下几类。

1. 新闻网站

新闻网站是指以经营新闻业务为主要生存手段的网站。图 1-8 为央视新闻网官方网站首页。

图 1-8　新闻网站

2．娱乐网站

娱乐网站基本以流行文化和娱乐内容为主，内容上丰富多彩、图文并茂、生动有趣。网站设计风格上通常形式活泼大方，元素变化多样。

音乐娱乐网站包括千千音乐、QQ 音乐、网易云音乐等。视频娱乐网站包括爱奇艺、优酷网等。游戏娱乐网站包括百度游戏、7K7K 等。图 1-9 为千千音乐官方网站首页。

图 1-9　娱乐网站

3．电商网站

电子商务的范围涵盖了人们的生活、工作、学习及消费等广泛的领域，其服务和管理也涉及政府、工商、金融及用户等诸多方面。通过互联网，商家之间可以直接交流谈判、签合同；消费者也可以把自己的建议反馈到企业或商家的网站；而企业或者商家则要根据消费者的反馈及时调查产品种类及服务品质，做到良性互动。图1-10为京东官方网站首页。

图1-10　电商网站

4. 社交网站

通过社交网站我们可以与朋友保持更加直接的联系，建立并扩大交际圈。网站上通常有很多志趣相同并互相熟悉的用户群组。常见的社交网站如微博、QQ空间等。图1-11为微博官方网站首页。

图1-11　社交网站

5. 门户网站

门户网站是指提供某类综合性互联网信息资源并提供有关信息服务的应用系统。在中国，著名的门户网站有新浪、网易、搜狐、腾讯，除此之外，如百度、新华网、人民网、凤凰网等也较为著名。图 1-12 为新浪官方网站首页。

图 1-12　门户网站

1.4　网页制作软件及标准技术

1.4.1　常用的网页制作软件

1. Photoshop

Photoshop 简称 PS，是由 Adobe 公司开发和发行的图像处理软件。Photoshop 涉及到的领域十分广泛，包括图像、文字、视频、出版等各个方面。

Photoshop 的主要应用包括如下几个方面：
- 平面设计，能够对图书封面、海报、招贴等平面印刷品进行图像处理。
- 广告摄影，使用 Photoshop 对摄影作品进行修改和美化，以达到良好的视觉效果。
- 影像创意，通过 Photoshop 可以将不同的对象组合在一起，使图像产生新的效果。
- 网页制作，在制作网页时 Photoshop 是必不可少的图像处理软件。

Photoshop 深受平面设计人员和图形图像处理爱好者的喜爱，其操作界面如图 1-13 所示。

2. Dreamweaver

Dreamweaver 是建立 Web 站点和应用程序的专业工具。它将可视布局工具、应用程序开发功能和代码编辑支持组合在一起，功能强大，使得各种水平的开发人员和设计人员都能够快速创建出吸引人的基于标准的网站和应用程序。

图 1-13 Photoshop 操作界面

Dreamweaver 通过软件版本的不断升级、功能界面的不断完善及视觉工具的不断开发，成为目前最强大的网页设计软件之一。Dreamweaver 开发界面如图 1-14 所示。

图 1-14 Dreamweaver 软件开发界面

1.4.2 网页制作标准技术

1. HTML（超文本标记语言）

HTML 是一种用来制作网页的标识性语言，可以对网络上的文字、图形、动画、声明、表格、链接等进行描述。HTML 文件的扩展名为 html 或者 htm，一个 HTML 文件就是一个网页。HTML 文件用编辑器打开后显示的是文本，可以用文本的方式对 HTML 文件进行编辑。如果用浏览器打开 HTML 文件，浏览器会按照标签描述内容将文件渲染成网页。显示的网页可以从一个网页链接跳转到另外一个网页。HTML 的结构包括头部（Head）、主体（Body）两大部分。头部描述浏览器所需的信息，主体包含网页所要说明的具体内容。

2．CSS（层叠样式表）

CSS 是一种用来表现 HTML 或 XML 等文件样式的计算机语言，用于控制 Web 页面的外观。CSS 语言能够对网页的布局、颜色、背景、宽度、高度、字体等进行控制，使得网页更加美观漂亮。

3．JavaScript（网页脚本语言）

JavaScript 是一种具有函数优先的轻量级、解释型或即时编译型的编程语言，可以直接嵌入到 HTML 文件中，还可以用于服务器、PC、笔记本电脑、平板电脑和智能手机等设备。

4．ASP（活动服务器网页）

ASP 是服务器端脚本编写环境，可以与数据库和其他程序进行交互以创建和运行动态网页或 Web 应用程序。其中 ASP 使用 ODBC 技术来访问数据库。

5．PHP（超文本预处理器）

PHP 是一种在服务器端执行的 HTML 内嵌式语言。PHP 语言具有较高的数据传送处理水平和输出水平。PHP 语言主要优点：①简单、流行，PHP 语言内置了常用的数据结构，使用简单，表达能力灵活；②可植入性强，PHP 语言在升级过程中，核心部分植入简单易行，且速度快；③扩展性强，可以从数据库中调取各类数据，执行效率高。PHP 语言的风格类似 C 语言，深受网络编程人员的喜爱。

6．JSP（Java 服务器页面）

JSP 是一种动态网页技术，部署于服务器上，可以响应客户端发送的请求。JSP 技术以 Java 语言作为脚本语言，同时，还可以创建 JSP 标签库。标签库能增强服务器的功能和性能，而且不受跨平台问题的限制。JSP 强大的多样性和可伸缩性，使其具有旺盛的生命力。

本 章 小 结

本章对互联网基础知识和技术进行了简单的介绍，主要包括互联网基础知识和网页基本元素、静态网页、动态网页及常见网站的类型和特点。本章还介绍了网页制作的常用工具软件 Dreamweaver 和 Photoshop，并对常用网页制作标准技术进行了简单的介绍。

第 2 章　网页制作工具 Dreamweaver

网页制作工具有很多，本书为读者介绍一款专门用于创建网页及制作和管理网站的网页编辑器——Dreamweaver。它入门简单但功能强大，且具有友好的可视化操作界面，特别适合网页设计的初学者学习和使用。

2.1　Dreamweaver 简介

1. Dreamweaver 是什么？

Dreamweaver 简称 DW，是一款集网页制作和网站管理于一身的、所见即所得的网页编辑器，DW 是第一套面向专业网页设计师特别开发的视觉化网页开发工具，利用它可以轻而易举地制作出跨越平台限制和跨越浏览器限制的充满动感的网页。图 2-1 所示为 DW 软件图标。

图 2-1　DW 软件图标

2. Dreamweaver 有哪些版本？

图 2-2 所示为 DW 软件的历史版本。DW 软件的发展历史分为 Macromedia 时代、Adobe 时代以及现在的 CC 版本时代，每一个时代的软件都有其特色，每一个新版本的功能都比上一个版本更强。

Macromedia时代	Dreamweaver1.0		DreamWeaverCS3
	Dreamweaver2.0		DreamWeaverCS4
	Dreamweaver2.01	Adobe时代	DreamweaverCS5
	Dreamweaver3		DreamweaverCS5.5
	Dreamweaver4		DreamweaverCS6
	Dreamweaver5	2013.06.17	DreamweaverCreativeCloud（CC）
	Dreamweaver6.0	2015.06.15	Dreamweaver CC 2015
	DreamweaverMX	2016.11.02 [3]	Dreamweaver CC 2017
	DreamweaverMX2004	2017.10.18 [3]	Dreamweaver CC 2018
	Dreamweaver8.0	2018.10.15 [4]	Dreamweaver CC 2019

图 2-2　DW 软件的历史版本

3. Dreamweaver 软件界面介绍

（1）启动界面。安装软件后，每一次打开软件将会自动弹出如图 2-3 所示的启动界面。

在该界面可以打开软件最近使用过的文件类目或者新建不同类型的网页编辑窗口,也可以打开软件预设的网页编辑模板。

图 2-3 DW 的启动界面

（2）工作界面。以 Dreamweaver CS6 为例,在其启动界面中单击"新建"列中的任一项,将会创建一个相应格式的新文档,并进入 Dreamweaver CS6 工作界面。此处我们单击"HTML"项,创建一个.html 格式的文档并进入 Dreamweaver CS6 工作界面,如图 2-4 所示。

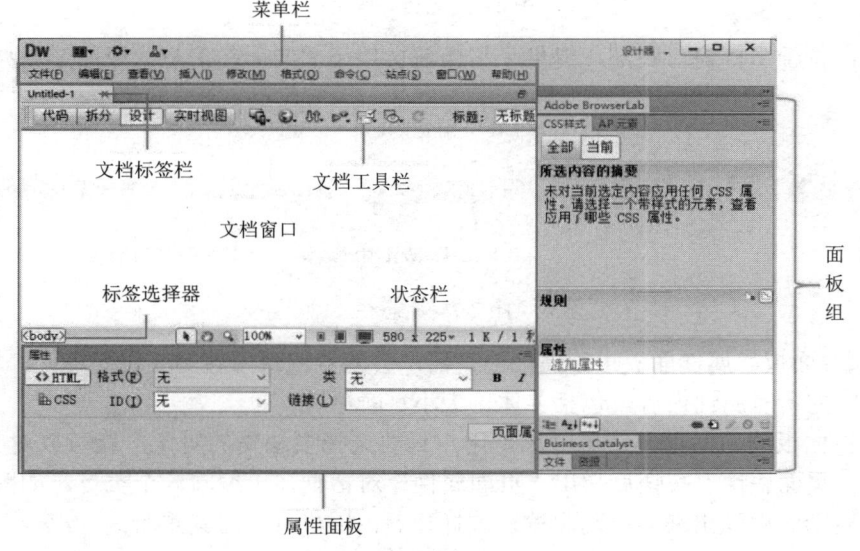

图 2-4 DW 的工作界面

菜单栏：几乎集中了 Dreamweaver CS6 的全部操作命令，利用这些命令可以编辑网页、管理站点以及设置操作界面等。要执行某项命令时，可首先单击主菜单名打开其下拉菜单，然后用鼠标单击相应菜单项。

文档标签栏：位于应用程序栏下方，左侧显示当前打开的所有网页文档的名称及其关闭按钮；右侧显示当前文档在本地磁盘中的保存路径以及还原按钮；下方显示当前文档中的包含文档（如 CSS 文档）以及链接文档。当用户打开多个网页文档时，通过单击文档标签可在各网页文档之间切换。另外，单击下方的包含文档或链接文档，便可打开相应文档，如图 2-5 所示。

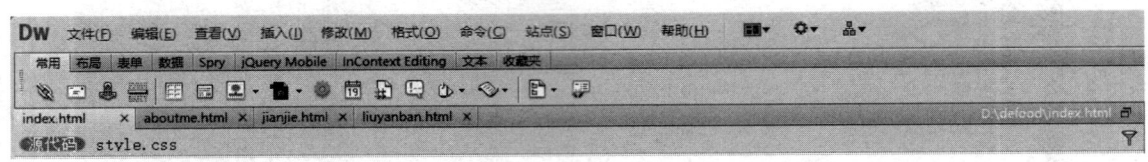

图 2-5 文档标签

文档工具栏：利用文档工具栏中左侧的按钮可以在文档的不同视图之间快速切换，工具栏中还包含一些与查看文档、在本地和远程站点间传输文档相关的常用命令和选项，如图 2-6 所示。

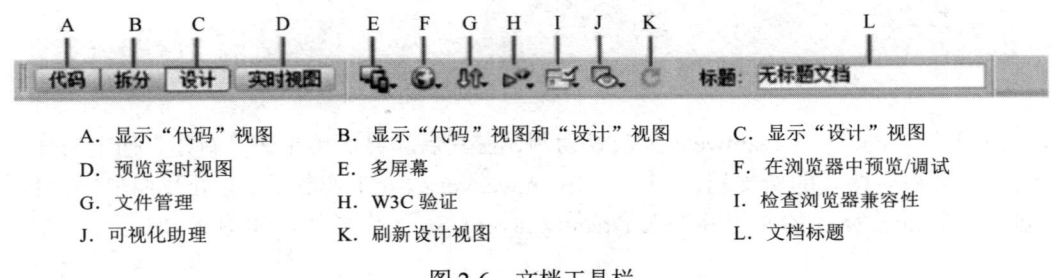

图 2-6 文档工具栏

状态栏：位于文档窗口底部，提供了与当前文档相关的一些信息，如图 2-7 所示。

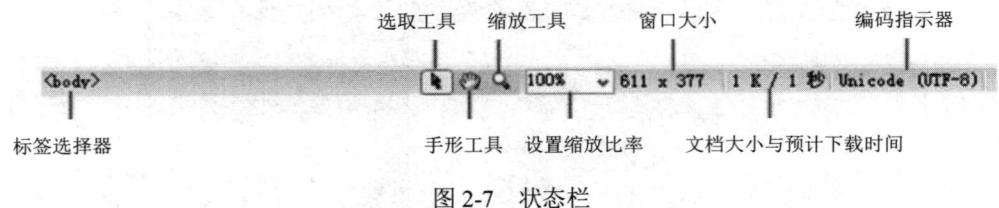

图 2-7 状态栏

（3）属性面板。属性面板也称属性检查器，会随着编辑内容的变化而变化。属性面板包含编辑的文字的所有属性内容，包括字体、大小、颜色等。

单击属性面板的下拉菜单，展开后，用户只要选择要编辑的对象，就可以对其属性进行编辑。单击"页面属性"按钮后弹出"页面属性"对话框，可编辑 6 个类目，如图 2-8 所示。

所有由启动面板弹出来的浮动面板在被打开后，用户可以对其重新进行组合。

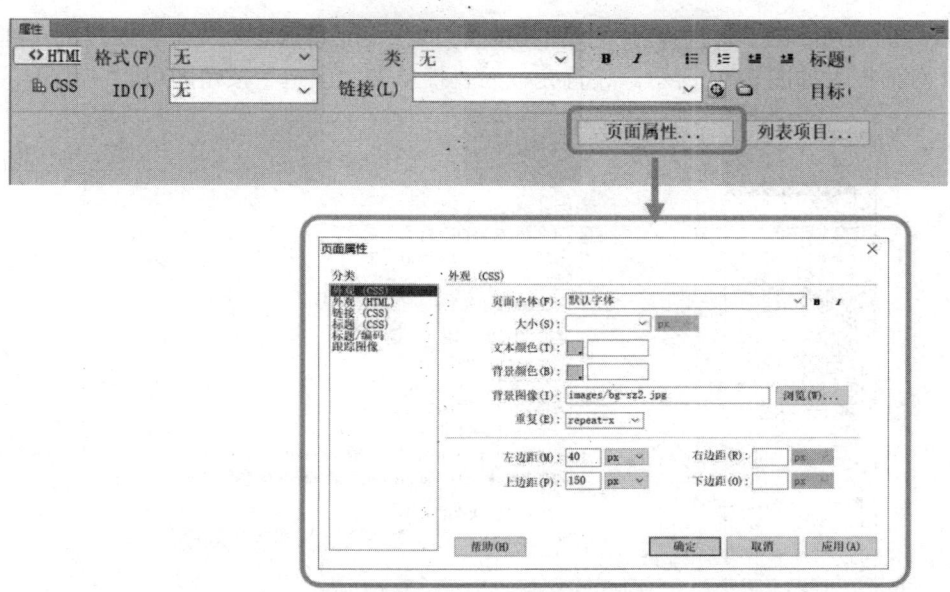

图 2-8 属性面板和面页属性对话框

（4）编辑窗口界面。浮动编辑栏目分为代码栏、设计栏，实时代码栏可以预览代码效果。单击"拆分"按钮可以将窗口分为代码预览和网页预览两部分，如图 2-9 所示。

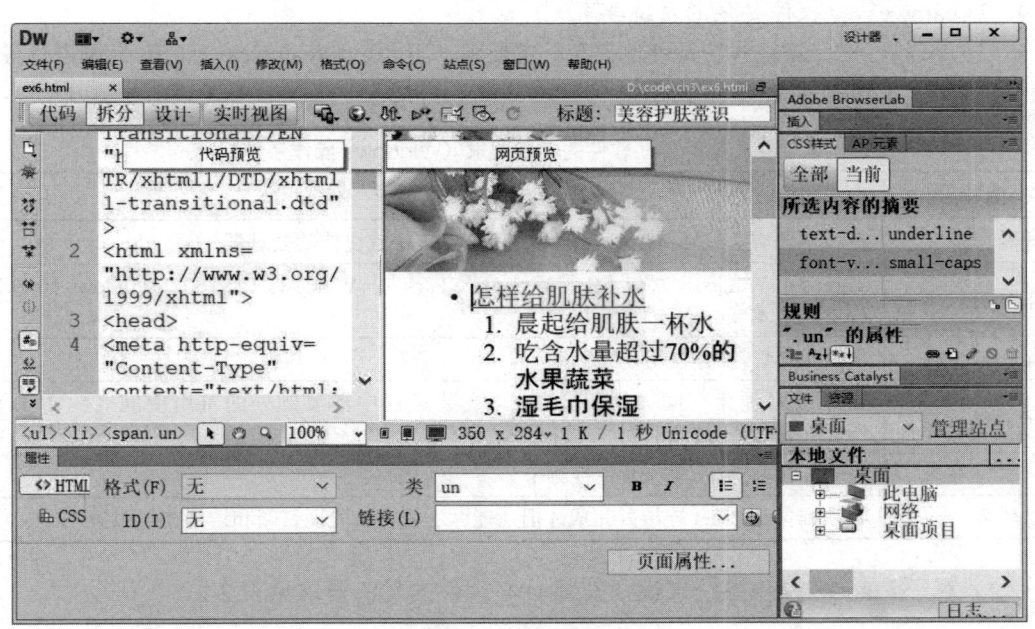

图 2-9 编辑窗口界面

网页预览快捷键为 F12，默认的网页浏览器为 Windows 浏览器。不同版本的浏览器网页预览效果也不尽相同。

浮动窗口上方为文档工具栏，用户可以根据需求进行工具栏的拖曳，方便使用。

（5）参数设置界面。参数设置界面用于设置工作环境参数，利用"首选参数"对话框可以修改 DW 的系统参数。依次执行菜单栏中的"编辑"→"首选参数"命令或按快捷键 Ctrl+U 可打开该对话框，如图 2-10 所示。设置完成后直接单击"确定"按钮即可。

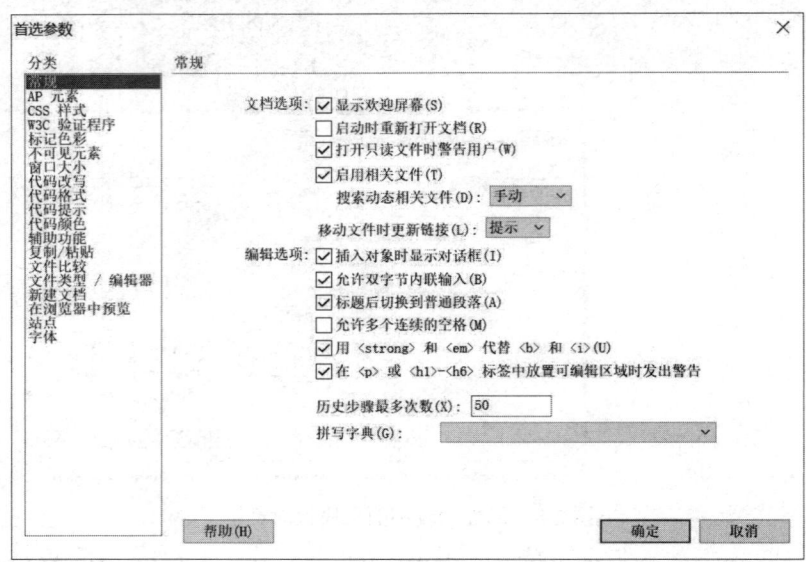

图 2-10 "首选参数"设置界面

4. Dreamweaver 软件安装的系统要求

安装 DW 软件对计算机系统及硬件都有一定要求，下面以 Dreamweaver CS6 为例进行说明。

（1）对于 Windows 操作系统来说，安装 DW 软件的最低要求见表 2-1。

表 2-1 安装 DW 软件的最低要求（Windows 操作系统）

选项	最低要求
处理器	英特尔酷睿 2 或 AMD 速龙 64 处理器；2GHz 或更快的处理器
操作系统	Microsoft Windows 7（64 位、带有 Service Pack 1）、Windows 10 v1607、Windows 10 v1803 或更高版本（64 位）
内存	2GB RAM（推荐使用 4GB）
硬盘空间	2GB 可用硬盘空间（用于安装），安装过程中需要额外的可用空间（约 2GB）；Dreamweaver 不可安装于移动闪存设备中
显示器分辨率	1280×1024 显示器，16 位视频卡
网络环境	必须具备 Internet 连接并完成注册才能激活软件、验证订阅和访问在线服务

（2）对于 MacOS 操作系统来说，安装 DW 软件的最低要求见表 2-2。

表 2-2 安装 DW 软件的最低要求（MacOS 操作系统）

选项	最低要求
处理器	具有支持 64 位的多核英特尔处理器
操作系统	MacOS v10.15、MacOS v10.14、MacOS v10.13
内存	2GB RAM（推荐使用 4GB）

续表

选项	最低要求
硬盘空间	2GB 可用硬盘空间（用于安装），安装过程中需要额外的可用空间（约 2GB）；Dreamweaver 不可安装于移动闪存设备中
显示器分辨率	1280×1024 显示器，16 位视频卡
网络环境	必须具备 Internet 连接并完成注册才能激活软件、验证订阅和访问在线服务

2.2 Dreamweaver 的基本操作

（1）新建网页文件。依次执行菜单栏的"文件"→"新建"命令，会弹出一个新建文件对话框，选择新建文件的类型，系统默认是 HTML 文档，最后单击"创建"按钮，就会出现一个 HTML 文档。

根据用户需求创建相应类型的网页文件，还可以对新建的网页文件进行格式限定，如左侧和右侧栏目的改变、标题固定等，如图 2-11 所示。

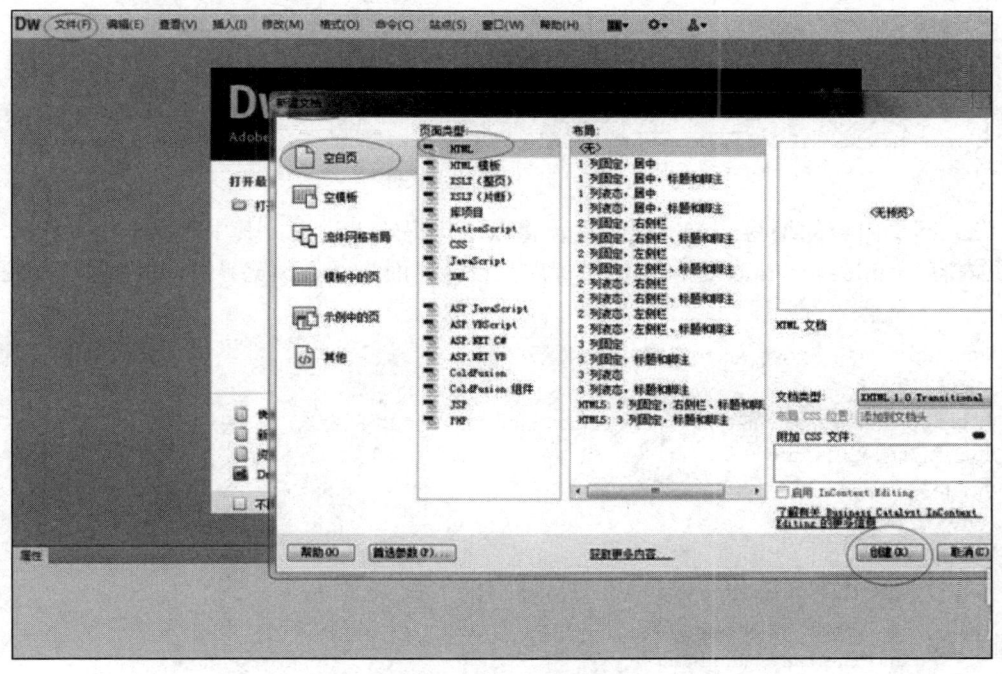

图 2-11　新建网页文件

（2）站点文件的保存。创建一个 HTML 标准格式的文件页面，默认的文件名是 untitled1.html，依次执行"文件"→"另存为"命令，会弹出一个保存位置的对话框，将文件名改为 test.html，保存类型为"All Documents（*.html;*.html;*.shtm;*)"，单击"保存"按钮即可，如图 2-12 所示。

站点文件的命名不建议用中文，中文名字在网络中容易报错，站点文件夹也不建议存在桌面上。建议初学者养成先建立站点、后在站点内建立网页文件的习惯，这样便于在网页制作过程中合理地管理整个网站。

图 2-12 保存站点文件

（3）网页内容的编写。单击代码栏，将以下代码输入进去，其中<body>与</body>之间为网页内容，<title>与</title>之间为网页标题，设计界面为网页预览界面，页面代码如图 2-13 所示。

```
<html xmlns="http://www.w3.org/1999/xhtml">
<head>
<meta http-equiv="Content-Type" content="text/html; charset=utf-8" />
<title>无标题文档</title>
</head>
<body>
    <div>
        <h1>This is a heading</h1>
        <h2>This is a heading</h2>
        <h3>This is a heading</h3>
    </div>
</body>
</html>
```

网页显示的内容为"This is a heading"（共 3 行）。

</h1></h2></h3>均为控制文字大小的双标记。具体文字大小可在页面属性及 CSS 格式中调整。

（4）网页内容的预览。按快捷键 F12 进行网站内容预览，也可以单击"预览"按钮预览

浏览器的选择。如，选择 IE 浏览器预览，如图 2-14 所示。

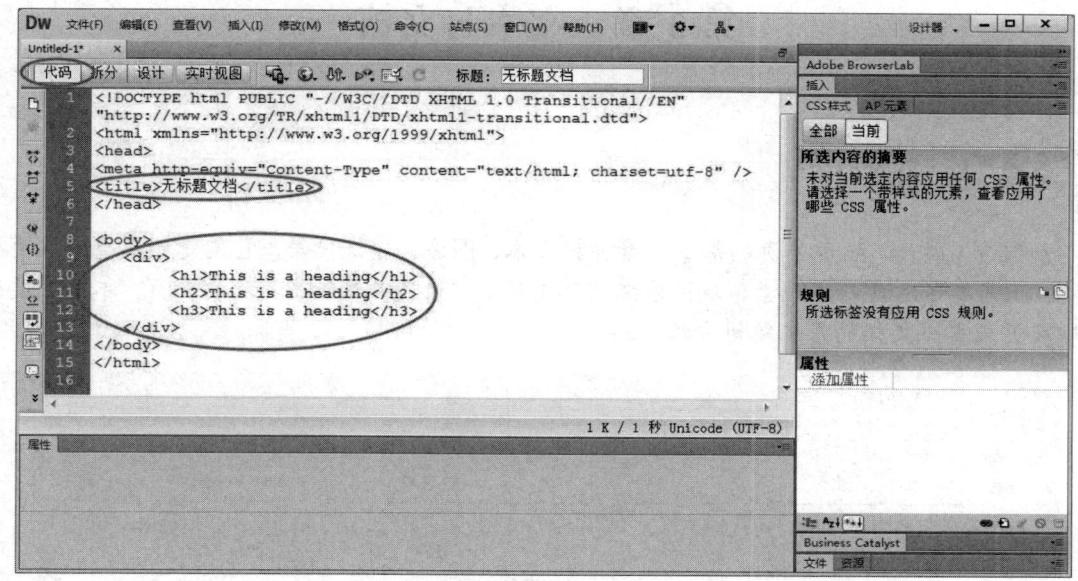

图 2-13　页面代码

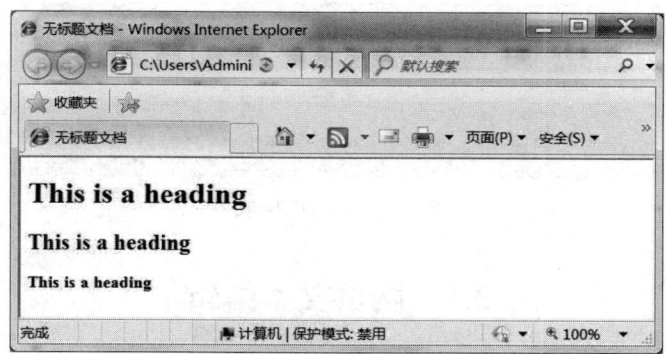

图 2-14　预览网页内容

不同浏览器的兼容视图不一样，不同计算机的预览情况也不一样，IE 浏览器标准可以避免此类问题。可根据网页的实际预览情况对网页进行美化加工，以便达到预期效果。

本 章 小 结

本章主要介绍了常用的网页编辑工具——Dreamweaver，熟练掌握其使用方法可以使网页制作变得迅速又简单。

第 3 章　文本与文档

如图 3-1 所示，组成网页的基本元素包括文本、图像、超链接等，它们是构成整个网页的灵魂。正是有了这些基本元素，我们才能制作出华丽、大气、细致、美观的网页。本章主要介绍对网页文本及文档的基本编辑方法。

图 3-1　网页的构成

3.1　网页文本编辑

案例 1　制作一个含文本的网页

经过设计与制作，含文本的网页的最终效果如图 3-2 所示。

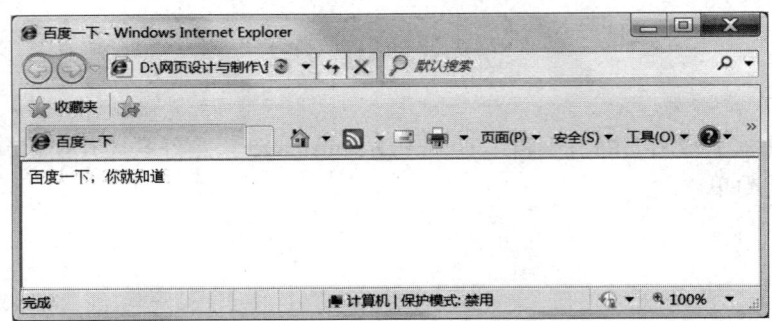

图 3-2　含文本的网页的最终效果

【制作关键】

在 Dreamweaver 中给网页文档添加文字与在 Word 中给文档添加文字类似，只需在 Dreamweaver 软件中新建 HTML 文档，然后在文档编辑区输入文字即可。

【Web 前端开发（1+X）技能点提示】

HTML 文档的主要结构如下：

```
<html>
    <head>
        <title>  </title>
    </head>
    <body>
    </body>
</html>
```

其中：

（1）<html> </html>为文档标记，用于描述网页，在它们之间是文档的头部和主体。

（2）<head></head>为文档头标记，是所有头部元素的容器，描述文档的各种属性和信息。

（3）<title> </title>为标题标记，用于描述网页的标题。

（4）<body></body>为主体标记，定义文档的主体，包含文档所有内容。

【制作过程】

（1）新建一个 HTML 文档，命名为 ex1.html，如图 3-3 所示。

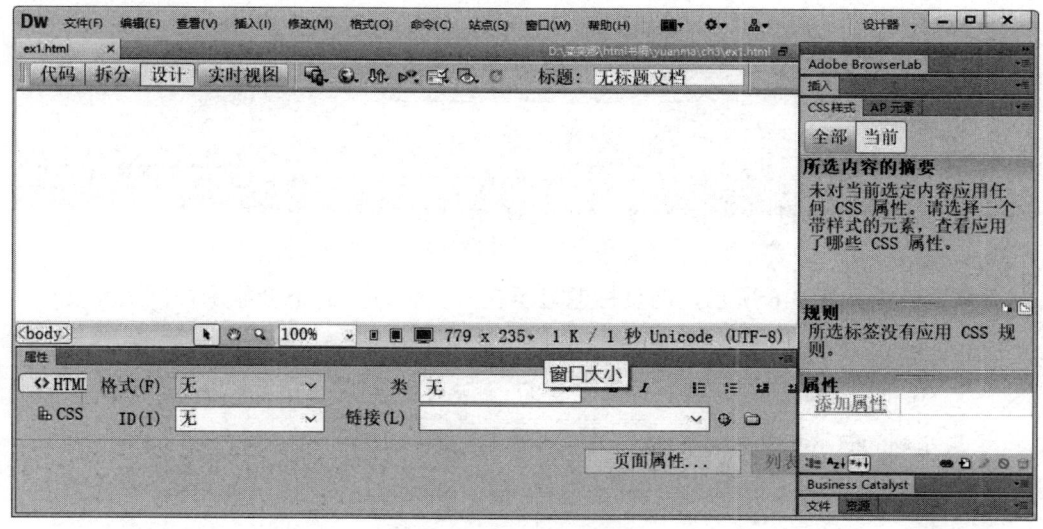

图 3-3　新建 HTML 文档

在"标题"处输入网页的标题"百度一下"，如图 3-4 所示。

（2）依次执行"文件"→"保存"命令，保存文件。单击图 3-5 中快捷面板上的按钮 ，（快捷键为 F12），可以在浏览器中预览网页效果。

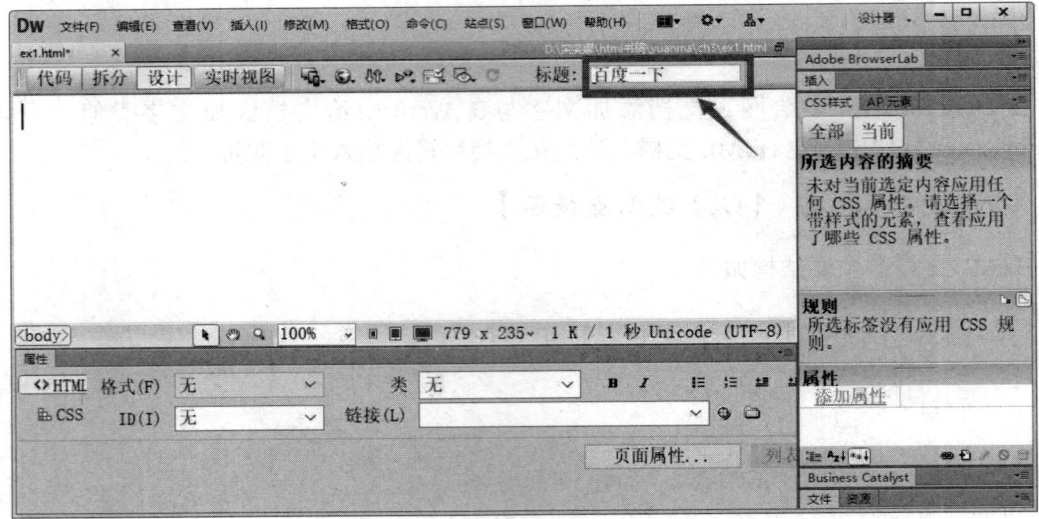

图 3-4 输入标题

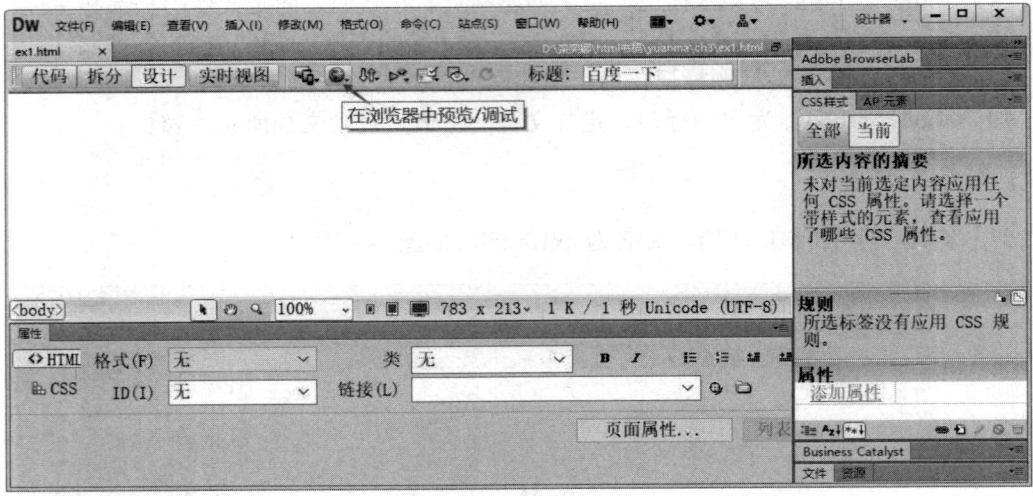

图 3-5 预览网页

网页预览效果如图 3-6 所示,网页标题显示在网页上方,而不会显示在网页正文中。

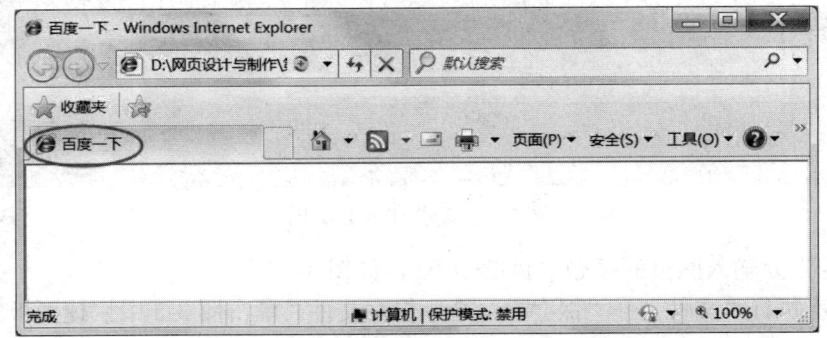

图 3-6 网页预览效果

(3) 在文本编辑区内输入文本"百度一下,你就知道",如图 3-7 所示。

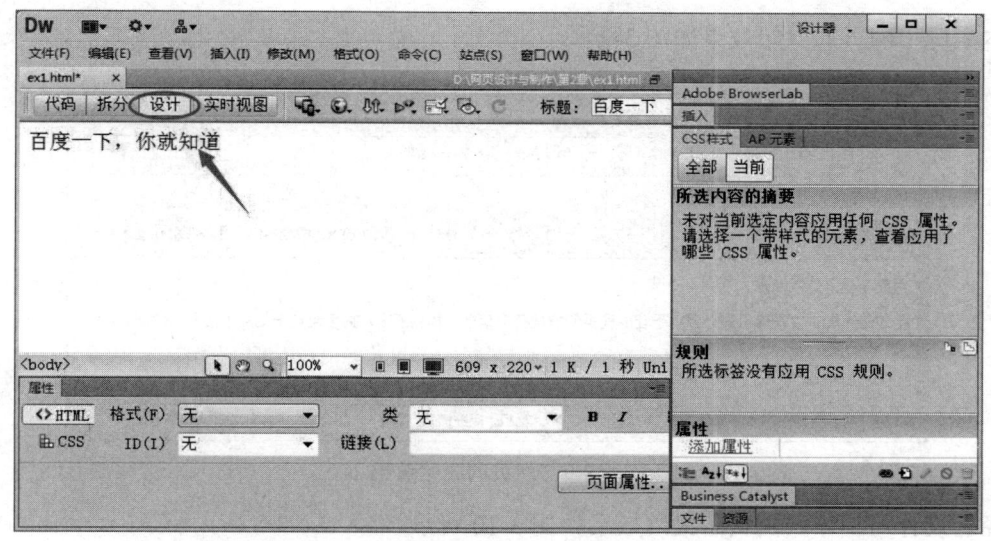

图 3-7　输入文本

(4) 单击图 3-7 中快捷面板上的按钮 预览网页,效果如图 3-8 所示。

图 3-8　含文本的网页

【技能拓展】

ex1.html 文件源代码如下:

```
<html xmlns="http://www.w3.org/1999/xhtml">
    <head>
    <meta http-equiv="Content-Type" content="text/html; charset=utf-8" />
    <title>百度一下</title>
    </head>
    <body>
    百度一下,你就知道
    </body>
</html>
```

案例 2　给网页文本编辑样式

本案例中网页的原始效果如图 3-9 所示。

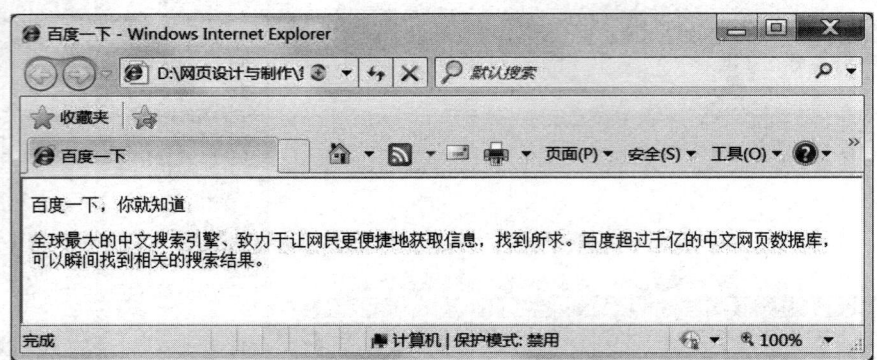

图 3-9　网页的原始效果

经过设计与制作，网页的最终效果如图 3-10 所示。

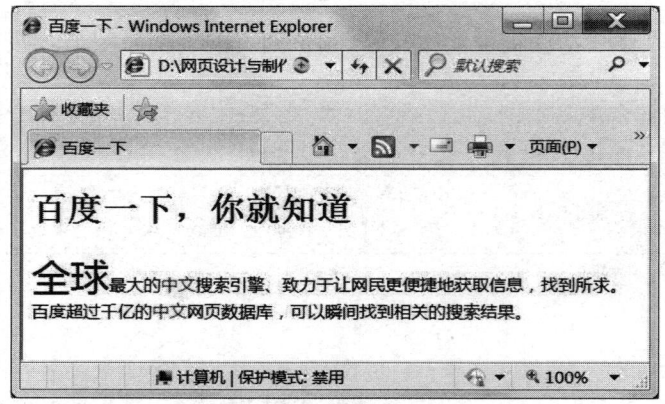

图 3-10　网页的最终效果

【制作关键】

在 Dreamweaver CS6 中不能直接为网页文本设置字体、大小和颜色等样式，需要建立"CSS 规则"方可设置，一旦建立了"CSS 规则"，以后再设置同类样式，只需选择建立过的样式名称即可，这样会使网页样式的编辑变得更加方便快捷。

【Web 前端开发（1+X）技能点提示】

- <p></p>：段落标签，用来描述一段文字。
- <hx></hx>：标题标签，用来描述一个标题，共有 6 个级别，由高到低分别是 h1、h2、h3、h4、h5、h6，其中<h1></h1>标签在每个页面中通常只出现一次。
-
：换行标签，作用相当于 Word 文档中的回车符，起到文字换行的作用。

【制作过程】

（1）新建 HTML 文档，命名为 ex2.html，输入文本，如图 3-11 所示。

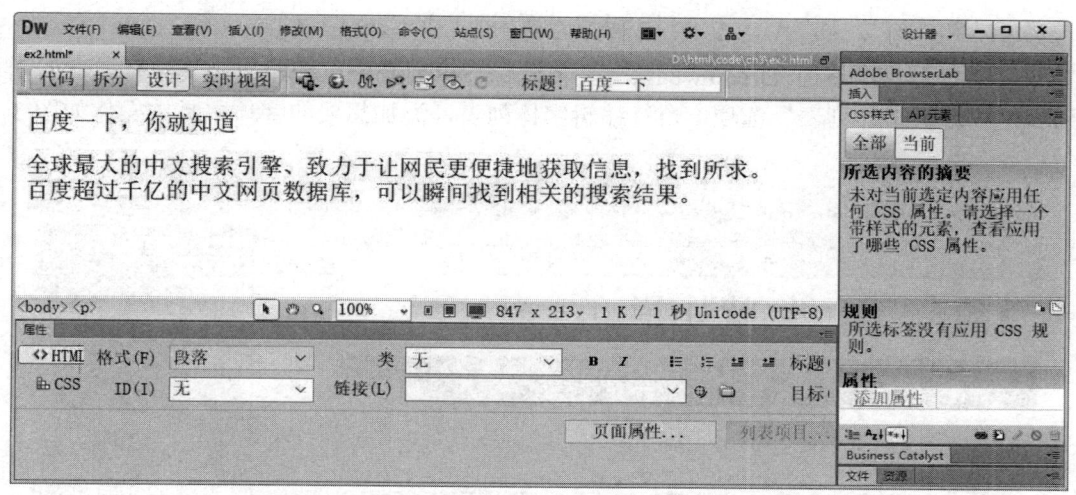

图 3-11　ex2.html 页面

提示：在 HTML 网页中编辑文本时，如果像在 Word 中一样按 Enter 键，实现的是重新开始一段，如果需要换行功能，则需按 Shift+Enter 组合键来实现。

（2）设置文本的标题。选中文字"百度一下，你就知道"，在"属性"面板中的"格式"下拉列表框中选择"标题 1"，效果如图 3-12 所示。

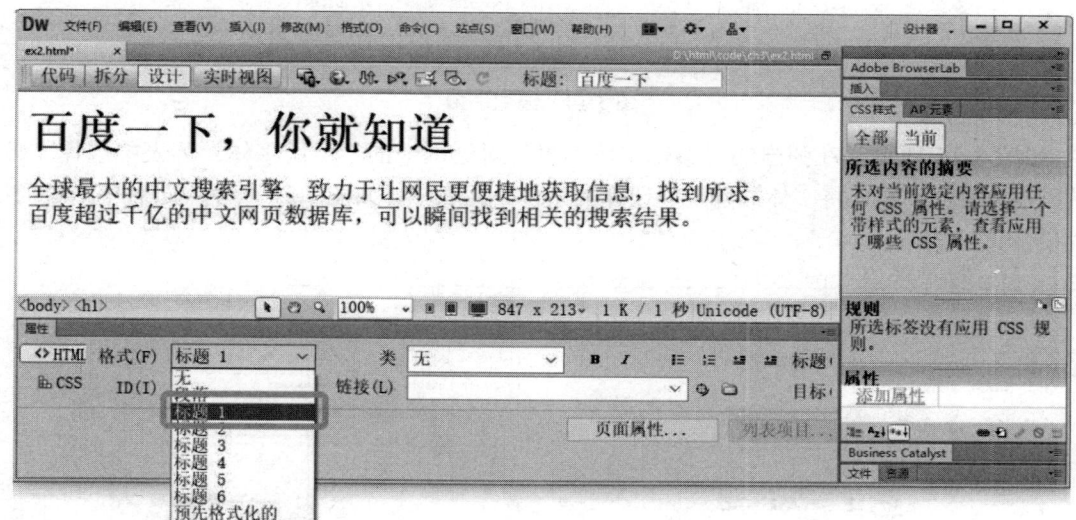

图 3-12　设置标题

（3）设置文本字体。设置文本字体为"微软雅黑"：首先选中"全球……"整段文字，然后单击"属性"面板中的 CSS 按钮，如图 3-13 所示，再在面板中将字体设置为"微软雅黑"。

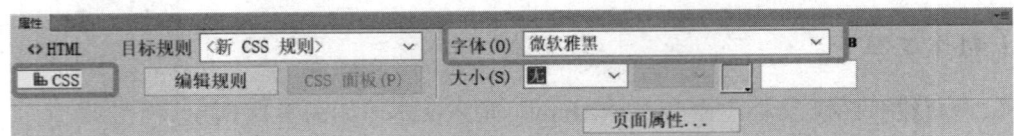

图 3-13　设置文本字体

如果读者是首次使用 Dreamweaver，"字体"下拉列表中可能没有中文字体，此时可单击列表中"编辑字体列表"选项，自行编辑字体列表，添加想要的字体。具体操作如图 3-14 所示。

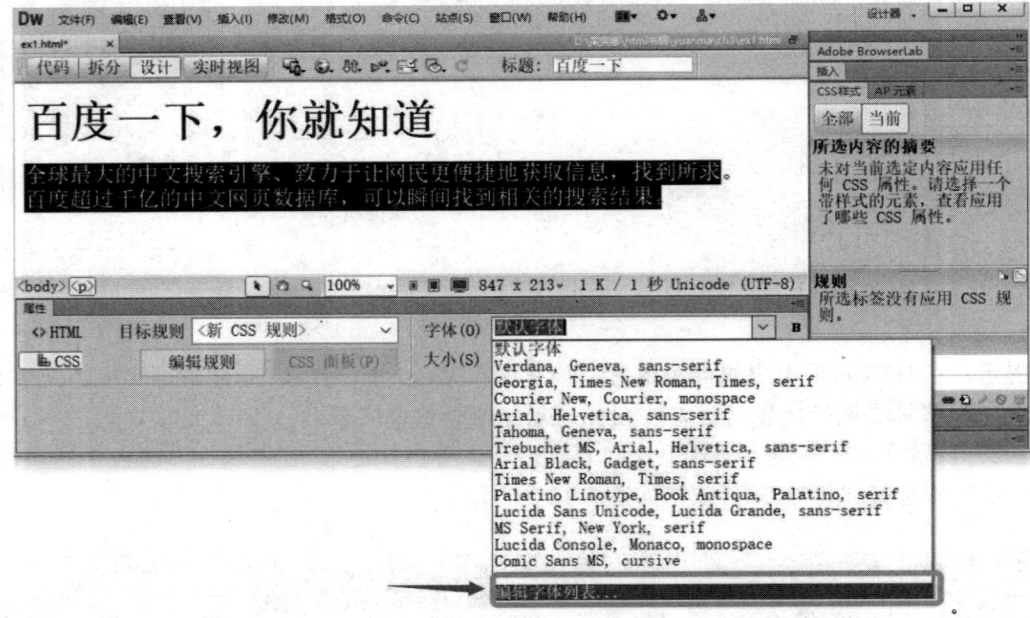

图 3-14　添加字体

如图 3-15 所示，在弹出的"编辑字体列表"对话框中的"可用字体"列表中选择"微软雅黑"，单击按钮，将字体添加到"选择的字体"列表中，如图 3-16 所示，然后单击"确定"按钮。

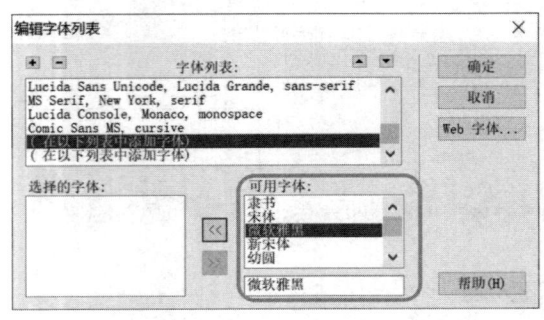

图 3-15　选择字体

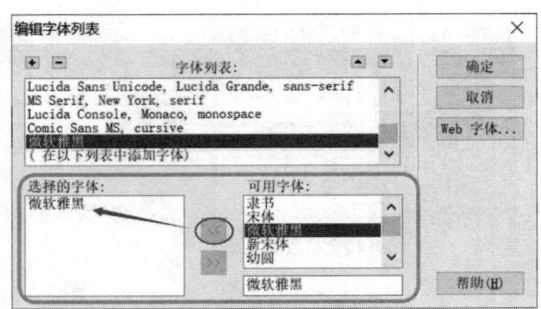

图 3-16　已添加字体

随后会弹出"新建 CSS 规则"对话框，在"选择器名称"下的文本框中输入选择器名称

"fontw"(该名称可以自己定义,尽量用英文字母或者字母与数字的组合),单击"确定"按钮,如图 3-17 所示。

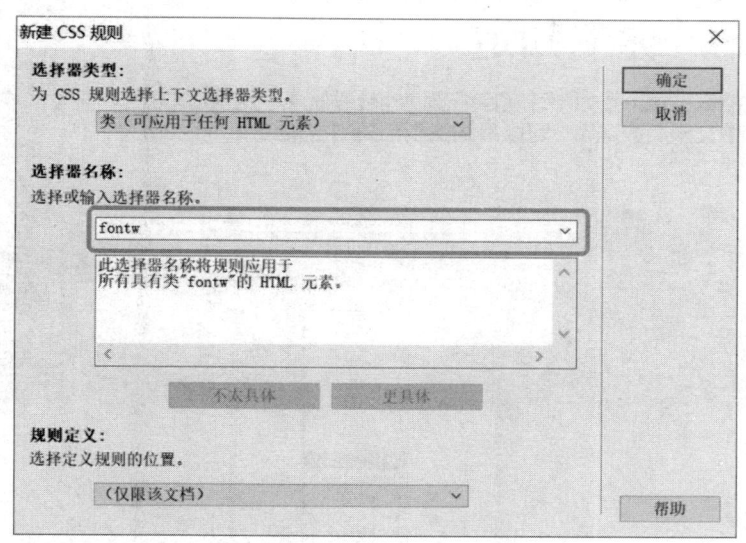

图 3-17 设置"新建 CSS 规则"

可以看到,所选文字已经应用了"微软雅黑"字体,同时,在"目标规则"右侧的下拉列表中出现了新添加的 CSS 规则".fontw",如图 3-18 所示。更多关于 CSS 的相关知识,将在"第 8 章 CSS"中进一步学习。

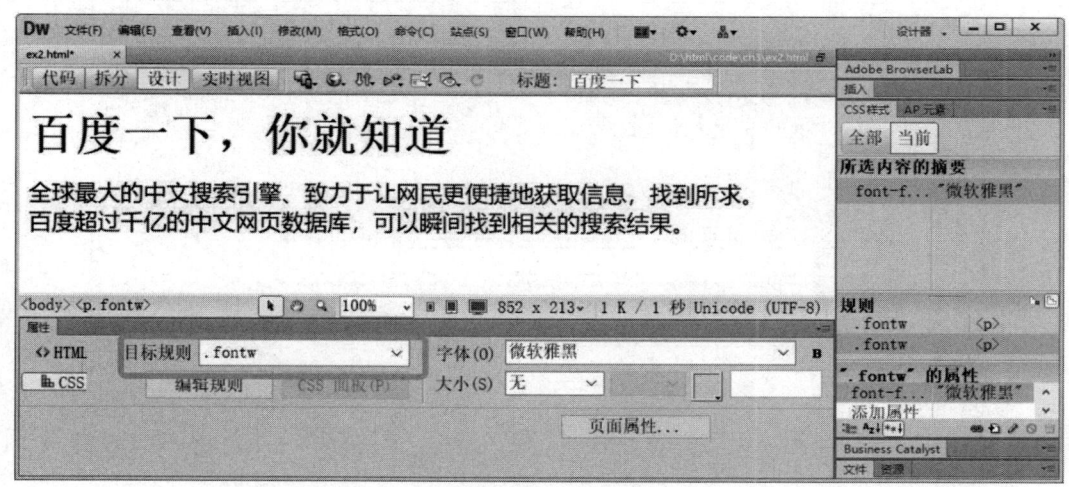

图 3-18 已添加 CSS 规则

(4)设置文本大小。设置文本中"全球"的大小为 36:首先选中"全球"二字,在"属性"面板中的"CSS"界面下,选择"大小"右侧的下拉列表中的 36,如图 3-19 所示。

在随后弹出的"新建 CSS 规则"对话框中输入新的选择器名称为"font36",如图 3-20 所示,单击"确定"按钮,效果如图 3-21 所示。该网页文档中应用的"CSS 规则"均会出现在"目标规则"右侧的下拉列表中。

网页设计与制作

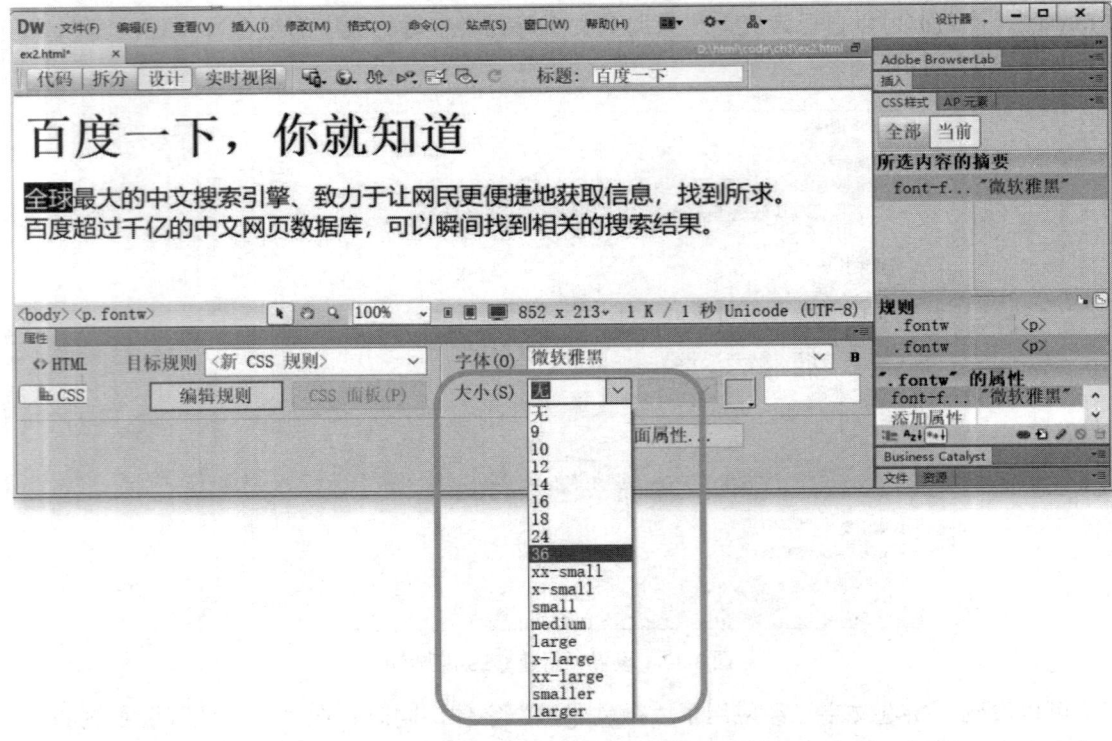

图 3-19　设置文本大小

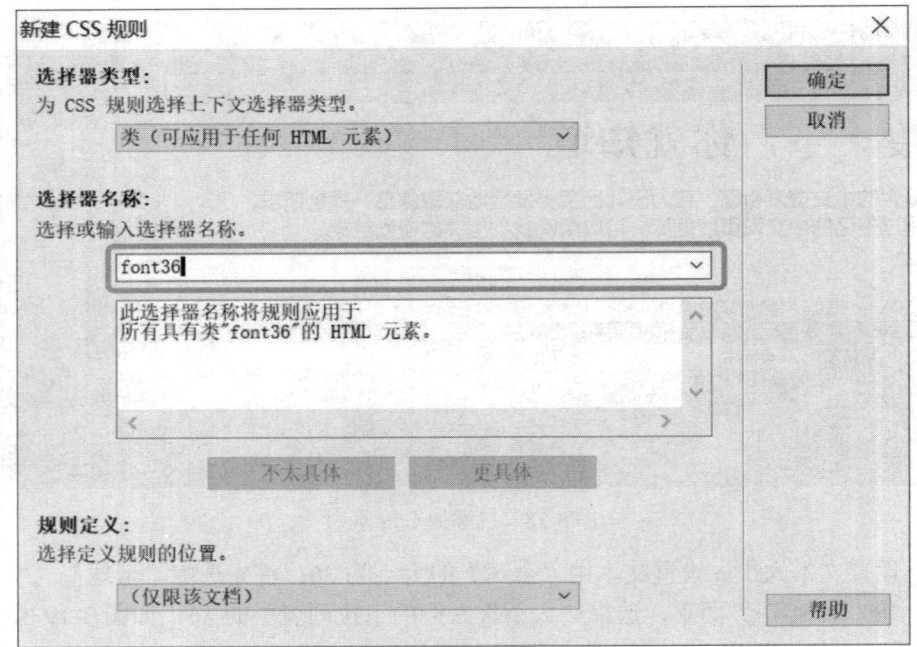

图 3-20　输入新的选择器名称

第 3 章　文本与文档

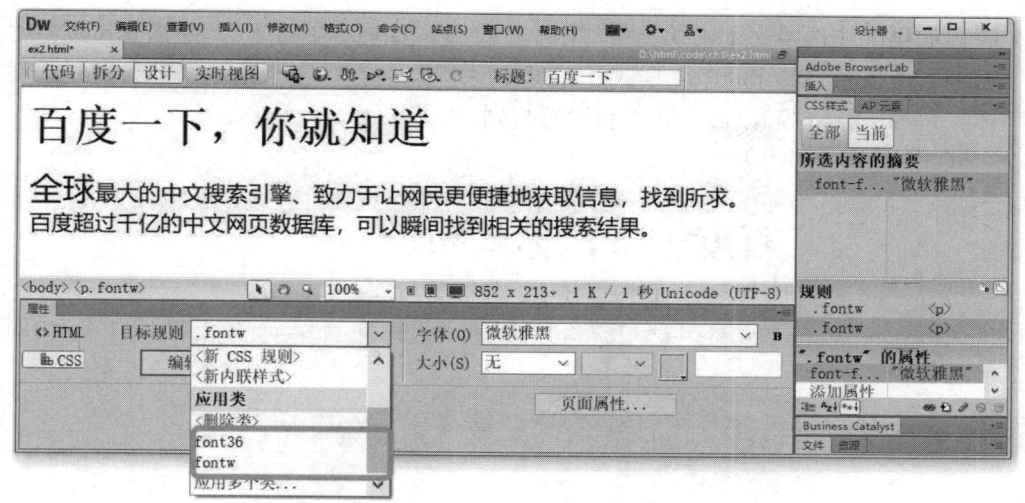

图 3-21　新添加的字体 CSS 规则

（5）设置文本颜色。将文本中的"中文"设置成红色：首先选中正文第一行中的"中文"二字，然后在 CSS 属性面板中单击按钮■，系统会弹出颜色选择器，如图 3-22 所示。

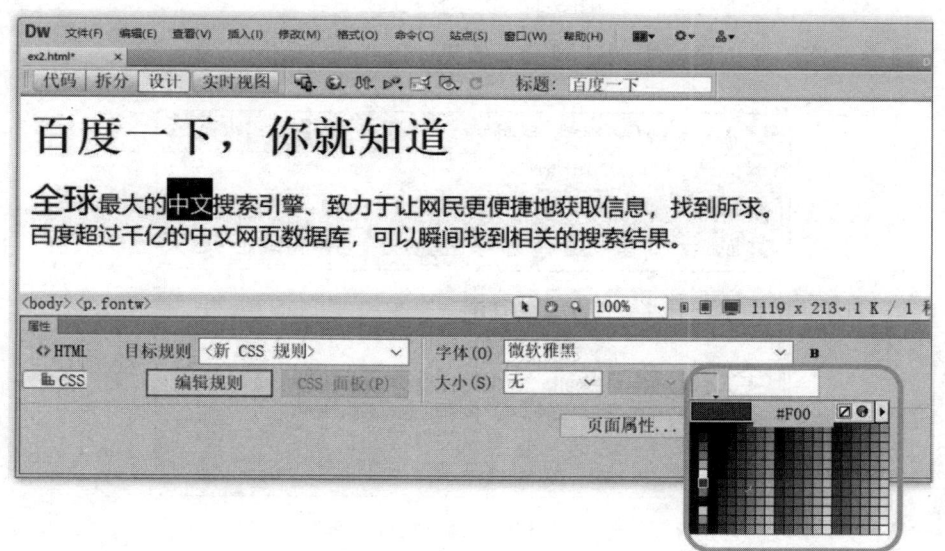

图 3-22　选择文本颜色

在颜色选择器中选择红色色块即可，效果如图 3-23 所示（在计算机屏幕上可以看到效果）。

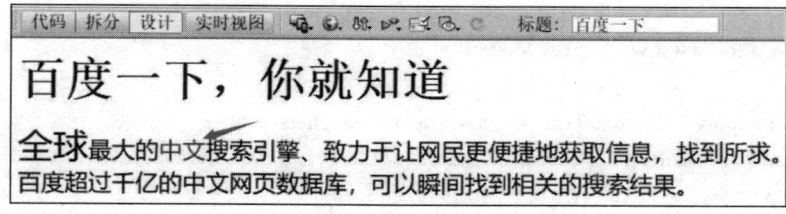

图 3-23　文本颜色效果

此时，如果继续选中文本中的其他"中文"文字，如图 3-24 所示，然后直接选择"目标规则"右侧下拉列表中的 fontRed 样式，即可使用之前建立的 CSS 规则（即设置过的样式，包括字体、大小、颜色等），而不必重新设置规则。

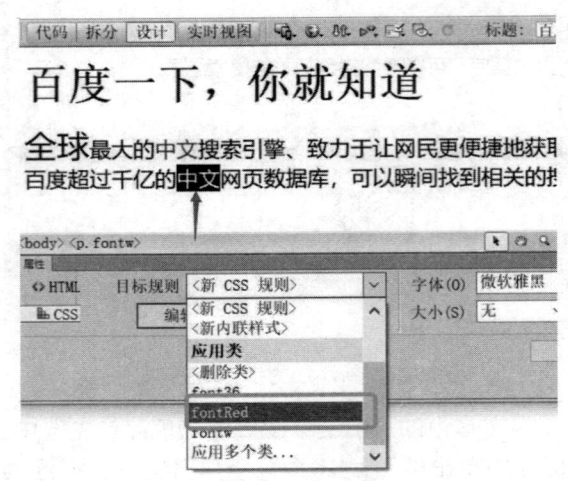

图 3-24 文本样式选择

（6）保存文档，在浏览器中浏览网页，效果如图 3-25 所示。

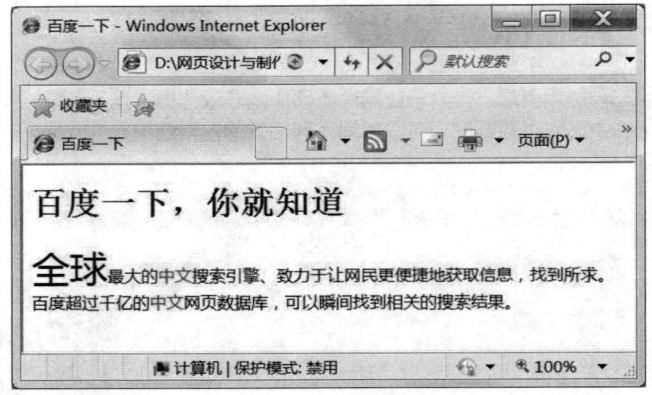

图 3-25 浏览网页

【技能拓展】

ex2.html 文件源代码如下：

```
<html xmlns="http://www.w3.org/1999/xhtml">
    <head>
    <meta http-equiv="Content-Type" content="text/html; charset=utf-8" />
    <title>百度一下</title>
    <style type="text/css">
    .fontw {
```

```
            font-family: "微软雅黑";
                }
        .font36 {
            font-size: 36px;
                }
        .fontRed {
            color: #F00;
                }
    </style>
</head>
<body>
<h1>百度一下，你就知道</h1>
<p class="fontw"><span class="font36">全球</span>最大的<span class="fontRed">中文</span>搜索引擎、致力于让网民更便捷地获取信息，找到所求。<br>
百度超过千亿的<span class="fontRed">中文</span>网页数据库，可以瞬间找到相关的搜索结果。</p>
</body>
</html>
```

实战 1　制作一个百度诗词页面

制作一个百度诗词页面，效果如图 3-26 所示。

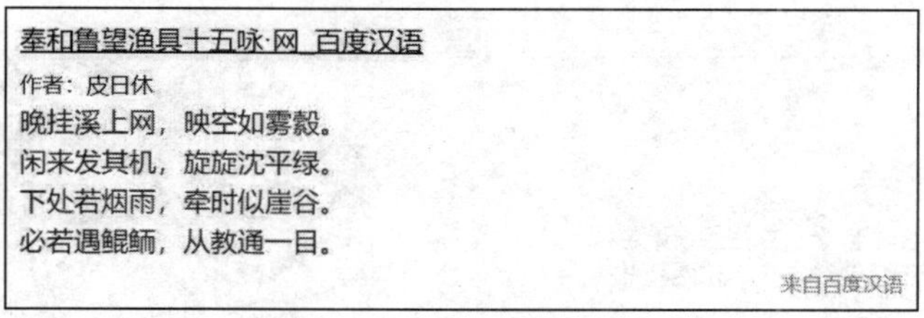

图 3-26　百度诗词页面

实战 2　制作一个腾讯新闻网菜单

制作一个腾讯新闻网菜单，效果如图 3-27 所示。

图 3-27　腾讯新闻网菜单

3.2　网页文档编辑

案例 1　制作"古诗词译文"网页

本案例中"古诗词译文"网页的原始效果如图 3-28 所示。

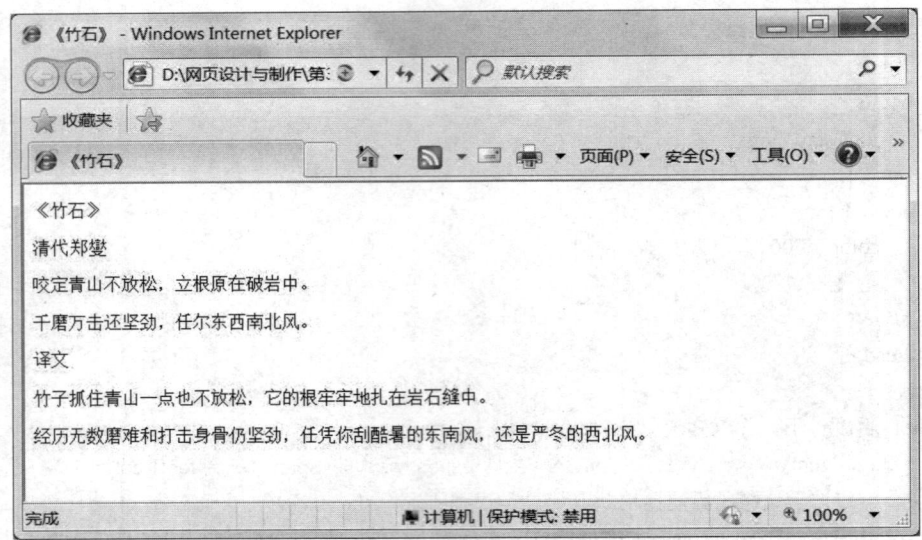

图 3-28 "古诗词译文"网页的原始效果

经过设计与制作,"古诗词译文"网页的最终效果如图 3-29 所示。

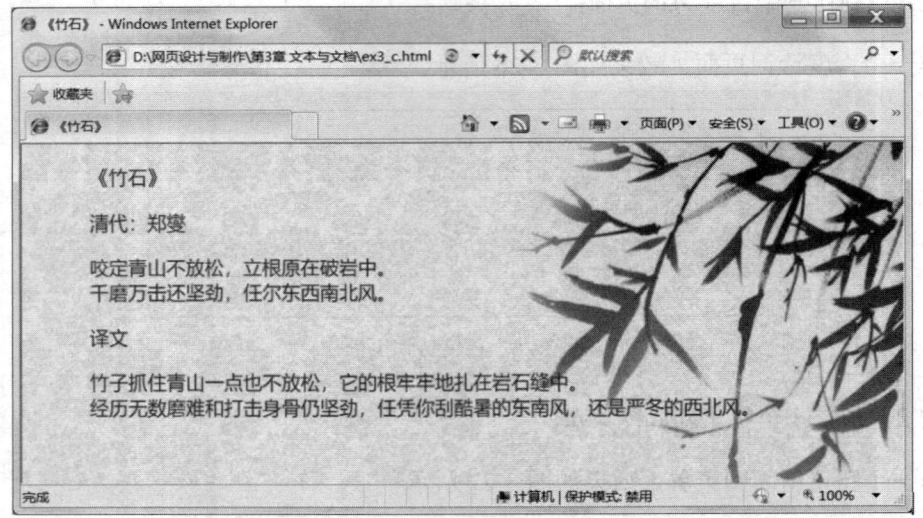

图 3-29 "古诗词译文"网页的最终效果

【制作关键】

在 Dreamweaver CS6 中,可通过"页面属性"功能,快速统一设置网页中文本、背景、超链接等基本元素的样式。

【Web 前端开发(1+X)技能点提示】

在 HTML 页面中,<style type="text/css"></style>用于定义当前页面内的 CSS 样式规则。

【制作过程】

（1）新建 HTML 文档，命名为 ex3.html，输入文本，如图 3-30 所示。单击"页面属性"按钮。

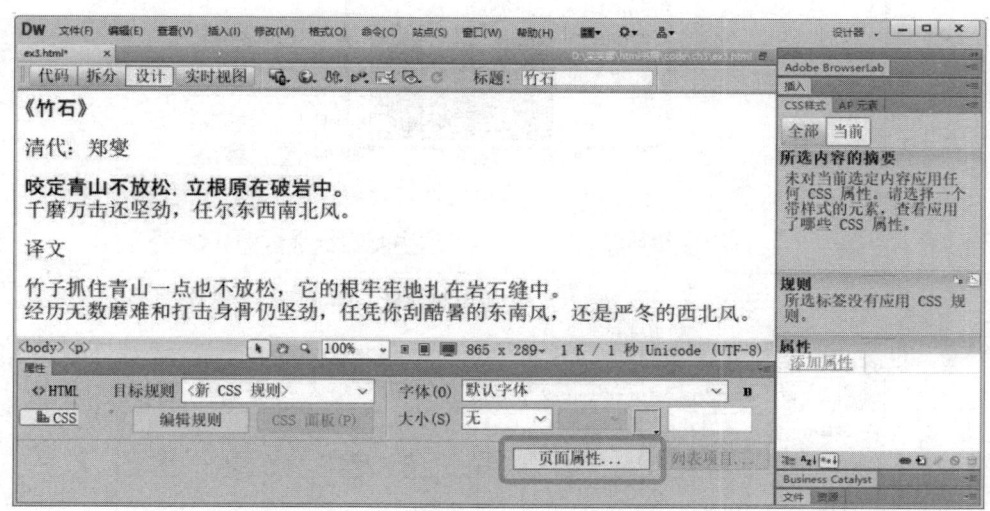

图 3-30　ex3.html 页面

（2）在弹出的"页面属性"对话框中，可以看到左侧有"分类"列表，在默认的"外观"选项中，可以进行页面字体、大小、文本颜色、背景颜色等外观属性的设置，如图 3-31 所示。

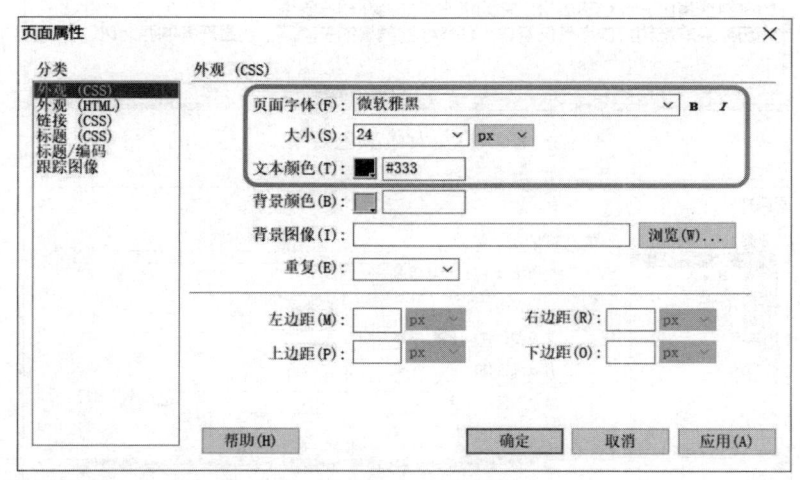

图 3-31　设置外观属性

（3）单击"背景颜色"属性右侧的按钮，会弹出颜色选择器，如图 3-32 所示。选择合适的颜色后，单击"确定"按钮，按快捷键 F12 预览页面，效果如图 3-33 所示。

（4）通过设置网页文档的边距来进一步美化页面效果。如图 3-34 所示，设置"左边距"为 60px（px 即像素）、"右边距"为 60px、"上边距"为 20px、"下边距"为 20px。

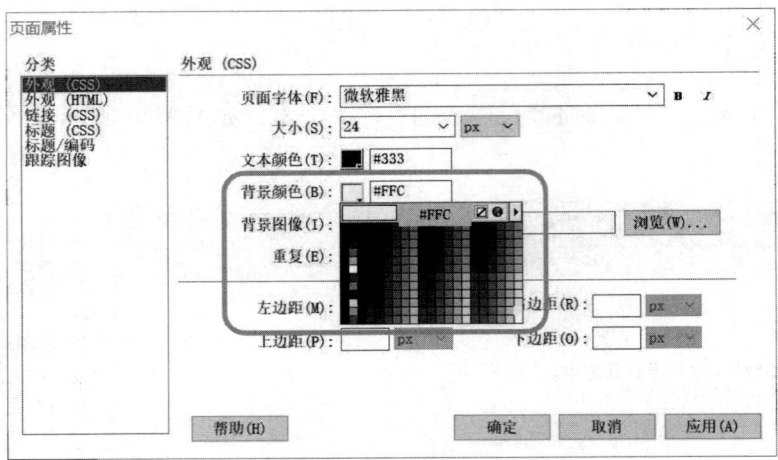

图 3-32　设置背景属性

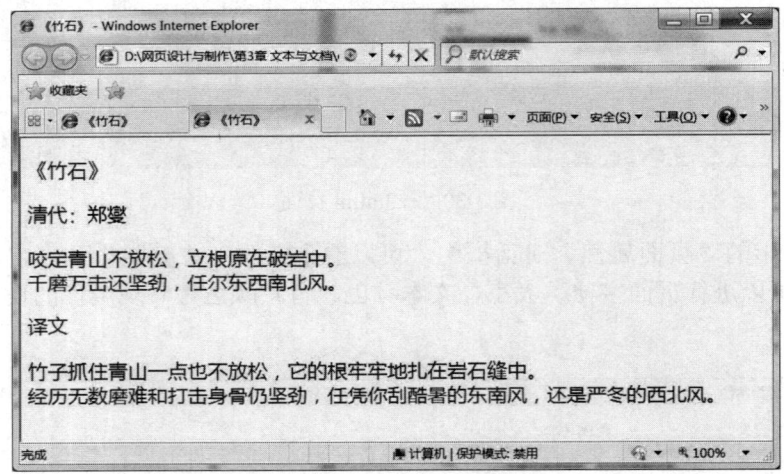

图 3-33　背景颜色效果

图 3-34　设置边距属性

单击"确定"按钮,按快捷键 F12 预览页面,效果如图 3-35 所示。

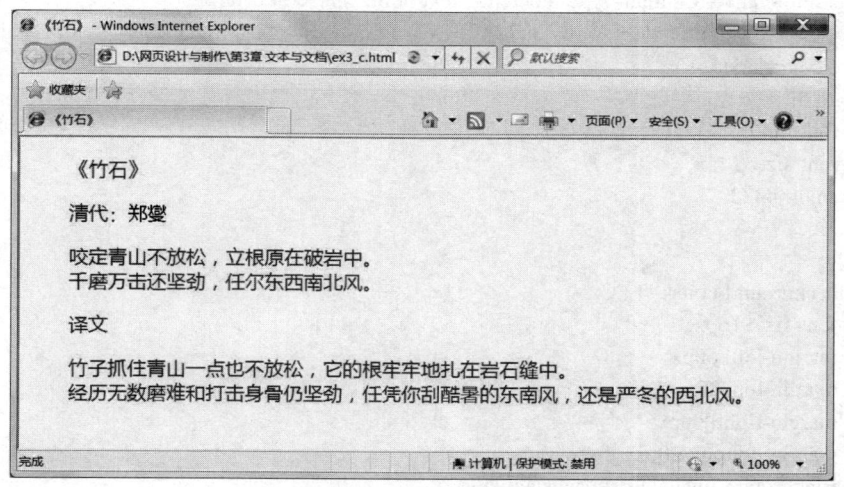

图 3-35　设置边距效果

(5)网页上经常用到图像作为页面背景,如图 3-29 所示。加入图像背景的方法为:执行"页面属性"→"外观"菜单命令,在弹出的"页面属性"对话框中单击"背景图像"属性右侧的"浏览"按钮,然后选择一张图片作为背景即可,如图 3-36 所示。

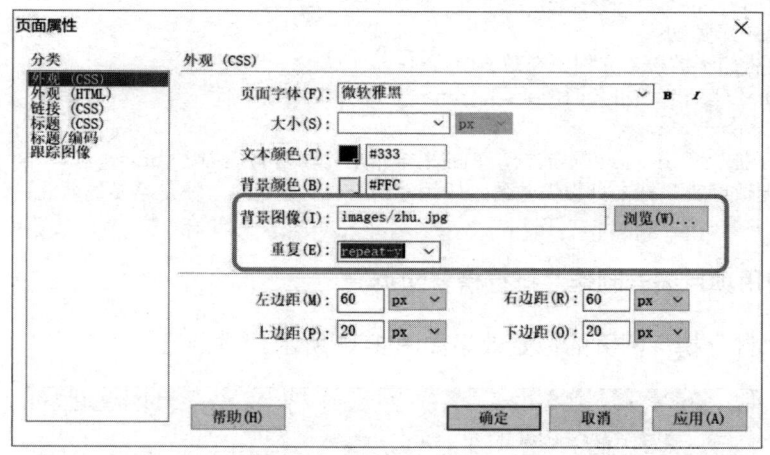

图 3-36　设置背景图像

关于图 3-36 中"重复"下拉列表中的 4 个选项,其对应的效果分别如下:
- no-repeat:背景图像将仅显示一次,即不重复排列。
- repeat:默认值,背景图像将在垂直方向和水平方向重复排列。
- repeat-x:背景图像将在水平方向重复排列。
- repeat-y:背景图像将在垂直方向重复排列。

【技能拓展】

ex3.html 文件源代码如下:

```html
<head>
    <meta http-equiv="Content-Type" content="text/html; charset=utf-8" />
    <title>《竹石》</title>
    <style type="text/css">
    body,td,th {
        font-family: "微软雅黑";
        font-size: 24px;
        color: #333;
    }
    body {
        background-color: #FFC;
        font-size: 16px;
        margin-left: 60px;
        margin-top: 20px;
        margin-right: 60px;
        margin-bottom: 20px;
        background-image: url(images/zhu.jpg);
        background-repeat: repeat-y;
    }
    </style>
</head>
<body>
    <p>《竹石》</p>
    <p>清代：郑燮</p>
    <p>咬定青山不放松，立根原在破岩中。<br />
    千磨万击还坚劲，任尔东西南北风。</p>
    <p>译文</p>
    <p> 竹子抓住青山一点也不放松，它的根牢牢地扎在岩石缝中。<br />
       经历无数磨难和打击身骨仍坚劲，任凭你刮酷暑的东南风，还是严冬的西北风。</p>
</body>
```

案例2　使用项目编号制作"排行榜"网页

本案例中"排行榜"网页的原始效果如图3-37所示。

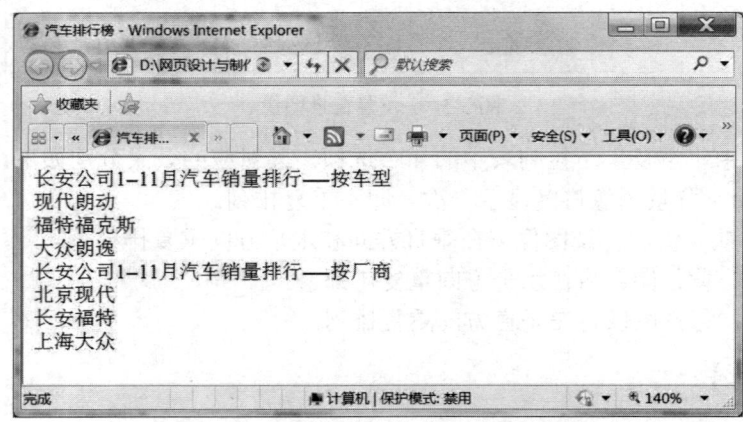

图3-37　"排行榜"网页的原始效果

经过设计与制作,"排行榜"网页的最终效果如图 3-38 所示。

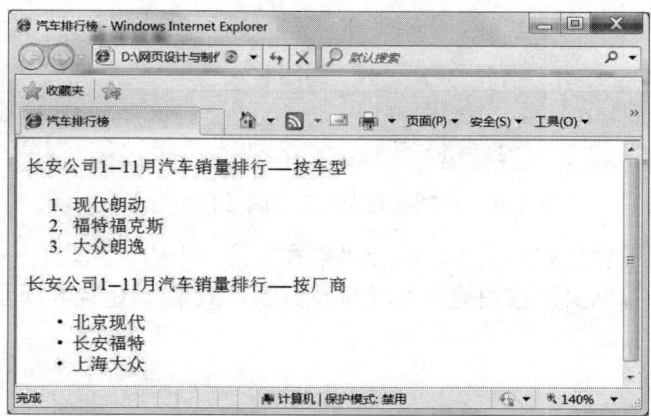

图 3-38 "排行榜"网页的最终效果

【制作关键】

在 Dreamweaver CS6 中,经常使用"项目列表"和"编号列表"命令来制作文档中的列表。

【Web 前端开发（1+X）技能点提示】

在 HTML 页面中:
- "<ol> <li>列表项</li></ol>"用来显示编号列表。
- "<ul> <li>列表项</li></ul>"用来显示项目列表。

【制作过程】

新建 HTML 文档,命名为 ex4.html,然后输入文本,页面如图 3-39 所示。

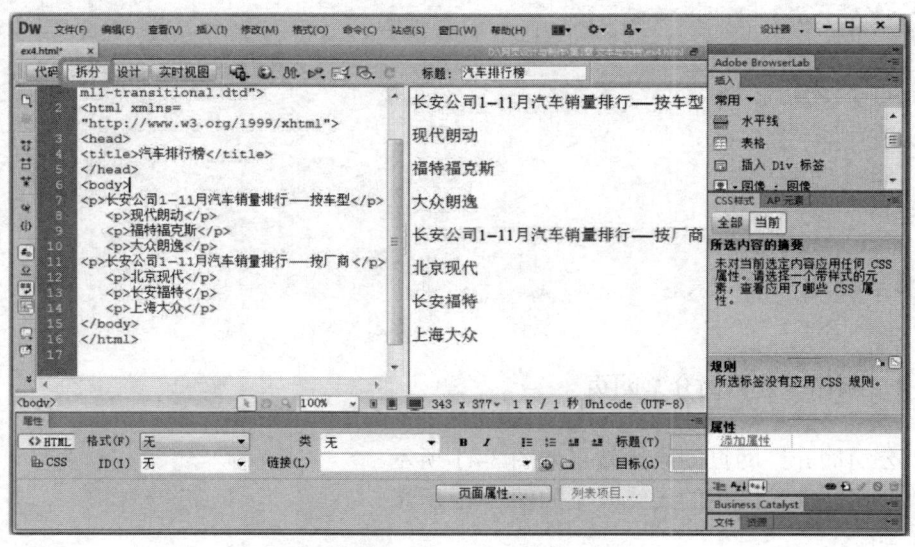

图 3-39 ex4.html 页面

方法一：选中要设置格式的文本，分别执行属性面板中的"项目列表"与"编号列表"命令，如图 3-40 所示。

图 3-40 "项目列表"与"编号列表"命令

方法二：选中要设置格式的文本，执行"格式"菜单中的"列表"→"项目列表"命令。设置完成后，保存网页，按快捷键 F12 预览页面，效果如图 3-38 所示。

【技能拓展】

ex4.html 文件源代码如下：

```html
<html xmlns="http://www.w3.org/1999/xhtml">
    <head>
    <meta http-equiv="Content-Type" content="text/html; charset=utf-8" />
    <title>汽车排行榜</title>
    </head>
    <body>
    <p>长安公司 1—11 月汽车销量排行——按车型</p>
    <ol>
        <li>现代朗动</li>
        <li>福特福克斯</li>
        <li>大众朗逸</li>
    </ol>
    <p>长安公司 1—11 月汽车销量排行——按厂商</p>
    <ul>
        <li>北京现代</li>
        <li>长安福特</li>
        <li>上海大众</li>
    </ul>
    </body>
</html>
```

实战 1 制作"公司简介"网页

- "公司简介"网页的原始效果如图 3-41 所示。
- "公司简介"网页的最终效果如图 3-42 所示。

第 3 章 文本与文档

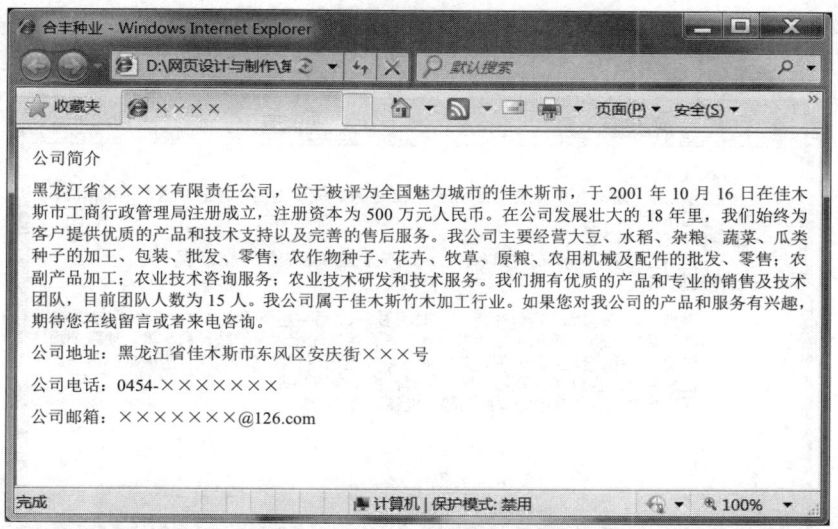

图 3-41 "公司简介"网页的原始效果

图 3-42 "公司简介"网页的最终效果

实战 2 制作"美容护肤"网页

- "美容护肤"网页的原始效果如图 3-43 所示。
- "美容护肤"网页的最终效果如图 3-44 所示。

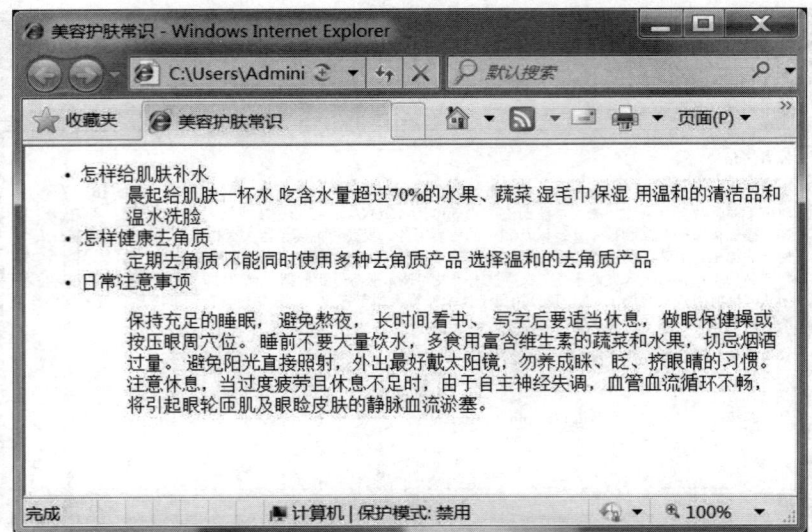

图 3-43 "美容护肤"网页的原始效果

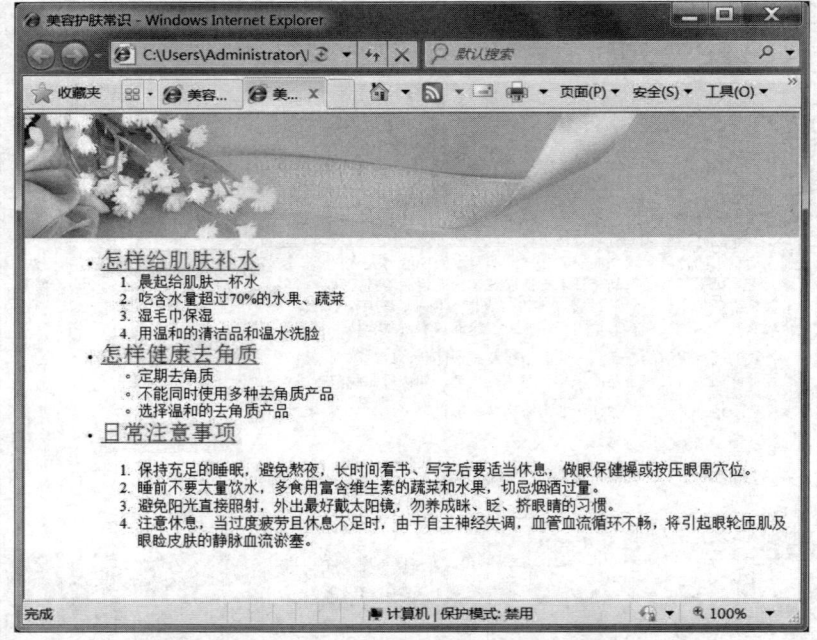

图 3-44 "美容护肤"网页的最终效果

本 章 小 结

本章主要介绍了网页文本及文档段落的基本编辑方法。熟练掌握网页文档内容的基本编辑方式,并能够利用 CSS 样式规则设置文本样式,对以后的网页制作实践会有很大的帮助。

第 4 章　图像和多媒体

 本章导读

发布网站的目的是让更多的浏览者浏览网站的内容，获取网站所提供的信息，所以网站的设计者必须考虑：如何才能使网页吸引浏览者的注意并提供更直观的信息内容。而图像信息恰恰具备这样的优势，因此对于网站设计者而言，掌握图像的使用技巧是非常必要的。图 4-1 所示为淘宝网大量使用图片信息的网页。

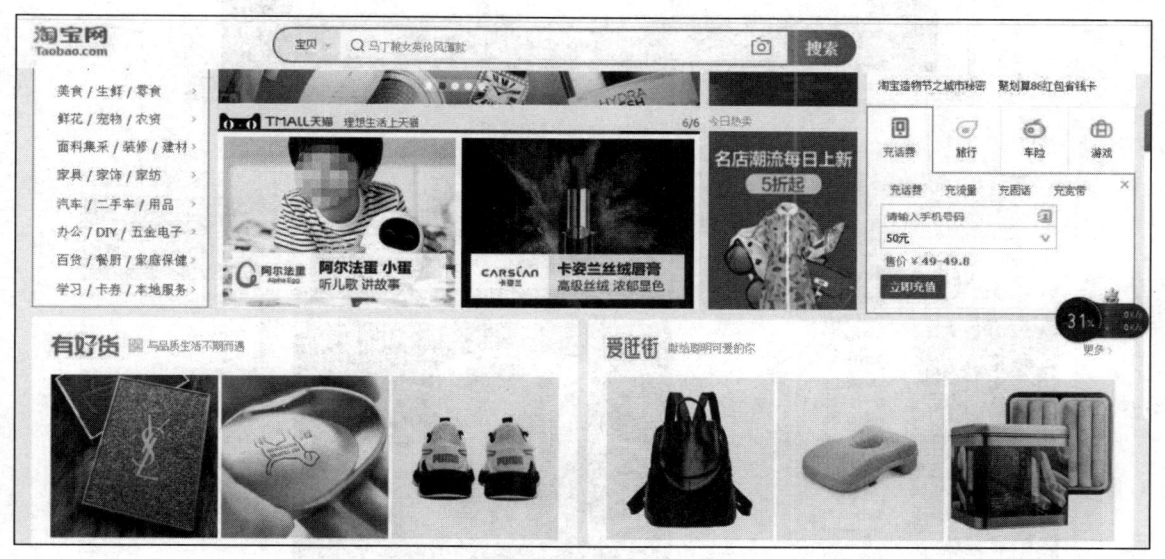

图 4-1　淘宝网的网页

案例 1　在网页中插入图像

本案例网页的最终效果如图 4-2 所示。

【制作关键】

在 Dreamweaver 中给网页文档添加图片，与在 Word 中给文档添加图片类似。在 Dreamweaver 软件中选择"插入"面板菜单中的"图像"选项，如图 4-3 所示，在弹出的"选择图像源文件"对话框中，选择要插入网页的图像即可。

图 4-2　咖啡馆网页

图 4-3　插入图像

【Web 前端开发（1+X）技能点提示】

```
<html>
    <head><title> </title></head>
```

```
<body>
<img src="/images/img01.png" width="256" height="99"  alt=""   title="" border="1" hspace="50"   vspace="20" align="left"/>
</body>
</html>
```

在上述代码中各参数含义如下：

- <img… />：图像标记。
- src：图像的路径。
- alt：图像不能显示时的替换文字。
- title：鼠标指针悬停于图像上方时显示的内容。
- width：设置图像的宽度，属性值为像素值。
- height：设置图像的高度，属性值为像素值。
- border：设置图像边框的宽度。
- hspace：设置图像左侧和右侧的空白。
- vspace：设置图像顶部和底部的空白。
- align：当其值为 left 时将图像对齐到左边；为 right 时将图像对齐到右边；为 top 时图像的顶端和文本的第一行文字对齐，其他文字居图下方；为 middle 时将图像的水平中线和文本的第一行对齐，其他文字居图下方；为 bottom 时将图像的底部和文本的第一行文字对齐，其他文字居图下方。

【制作过程】

（1）在菜单中选择"文件"→"打开"命令，在弹出的"打开"对话框中选择"第 4 章 图像和多媒体"→"项目素材"→"4.1 咖啡馆网页"→index.html 文件，单击"打开"按钮打开文件，如图 4-4 所示。

图 4-4　打开 index.html 文件

将光标放置到如图 4-5 所示的单元格中。

图 4-5　编辑单元格

（2）单击"插入"面板"常用"选项卡中的"图像"按钮，在弹出的"选择图像源文件"对话框中，选择"第 4 章 图像和多媒体"→"项目素材"→"4.1 咖啡馆网页"→images→pic_2.png 文件，如图 4-6 所示。单击"确定"按钮完成图像的插入，如图 4-7 所示。

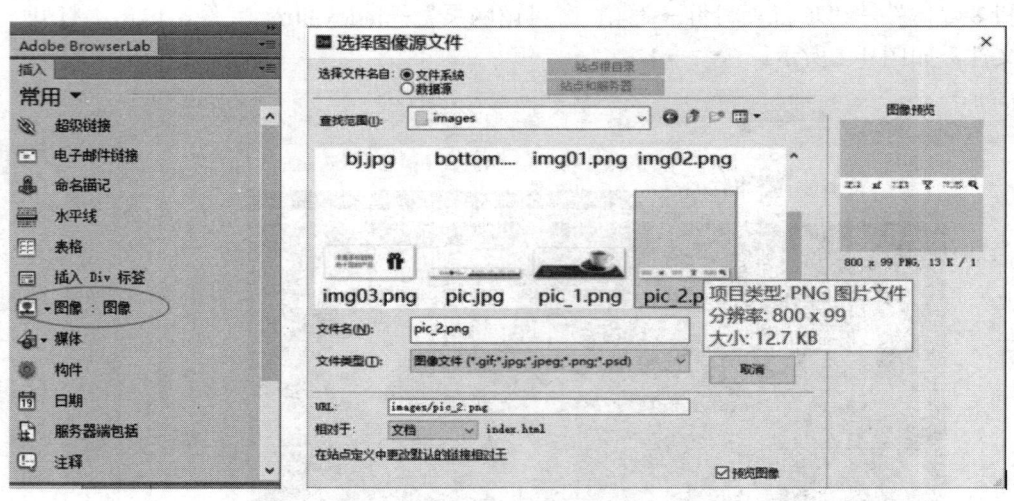

图 4-6　插入图像

（3）使用相同的方法，将 img01.png、img02.png 和 img03png 图像也分别插入到其他单元格中，执行"文件"→"保存"命令，保存文件。单击快捷面板上的按钮 （快捷键 F12），即可以在浏览器中预览网页效果，如图 4-8 所示。

插入图像后，在"属性"面板中会显示该图像的属性，如图 4-9 所示。

第 4 章 图像和多媒体 45

图 4-7 插入图像效果

图 4-8 咖啡馆网页效果

图 4-9 图像属性

图像属性的各项含义如下:
- ID 选项:设置图像的 ID 名称。
- "源文件"选项:设置图像的源文件。
- "链接"选项:设置单击图像时要显示的网页文件。
- "替换"选项:设置替代文本,在浏览设置为手动下载图像前,用此文本来替换图像的显示。在某些浏览器中,当鼠标指针滑过图像时也会显示替代文本。
- "编辑"按钮组:编辑图像文件,包括编辑、设置、从源文件更新、裁剪、重新取样、亮度和对比度,以及锐化功能。
- "宽"和"高"选项:以像素为单位设置图像的宽度和高度。这样做虽然可以缩放图像的显示大小,但不会缩短图像的下载时间,因为浏览器在缩放图像前会下载所有图像数据。
- "类"选项:设置图像应用 CSS 样式。
- "地图"和"热点工具"选项:用于设置图像的热点链接。
- "目标"选项:设置链接页面应该在其中载入的框架或窗口,详细参数可见第 5 章。
- "原始"选项:为了节省浏览者浏览网页的时间,可通过此选项设置在载入主图像之前快速载入的低品质图像。

【技能拓展】

咖啡馆网页的源代码如下:

```html
<html xmlns="http://www.w3.org/1999/xhtml">
<head>
<title>咖啡馆网页</title>
<style type="text/css">
  body {
      background-image: url();
      margin-left: 0px;
      margin-top: 0px;
      margin-right: 0px;
      margin-bottom: 0px;
  }
#bj { background-image: url(images/bj.jpg); }
</style>
</head>
<body>
<table width="1000" border="0" align="center" cellpadding="0" cellspacing="0" id="bj">
  <tr><td><img src="images/pic.jpg" width="1000" height="116" /></td>
  </tr>
  <tr><td height="360" align="center" valign="bottom"><img src="images/pic_1.png" width="977" height="349" /></td></tr>
  <tr><td height="240"><table width="800" border="0" align="center" cellpadding="0" cellspacing="0">
    <tr><td height="115" colspan="5" valign="top"><img src="images/pic_2.png" width="800" height="99"/>
    </td></tr>
    <tr><td width="256"><img src="images/img01.png" width="256" height="99" /></td><td> </td>
```

```
    <td width="256" align="center"><img src="images/img02.png" width="256" height="99"/>
    </td><td> </td>
    <td width="256" align="right"><img src="images/img03.png" width="256" height="99" /></td></tr>
</table></td></tr>
<tr><td><img src="images/bottom.png" width="1000" height="68" /></td>
</tr></table>
</body></html></table></td></tr>
  <tr>
    <td><img src="images/bottom.png" width="1000" height="68" /></td>
  </tr></table>
</body>
</html>
```

提示：插入图像占位符。在布局网页时，网站设计者需要先规划好图像在网页中的位置，等到设计方案通过后，再将这个位置替换成具体图像。Dreamweaver CS6 提供的"图像占位符"功能可满足上述需求。

在网页中插入图像占位符的具体操作步骤如下：

（1）在文档窗口中，将插入点设置在要插入图像占位符的位置。

（2）通过以下两种方法均可弹出"图像占位符"对话框。

1）单击"插入"面板中"常用"选项卡中的"图像"展开式按钮，选择"图像占位符"选项。

2）选择"插入"→"图像对象"→"图像占位符"命令。

（3）在"图像占位符"对话框中，按需要设置图像占位符的宽度、高度和颜色，并为图像占位符提供文本标签，然后单击"确定"按钮，完成设置，如图 4-10 所示。

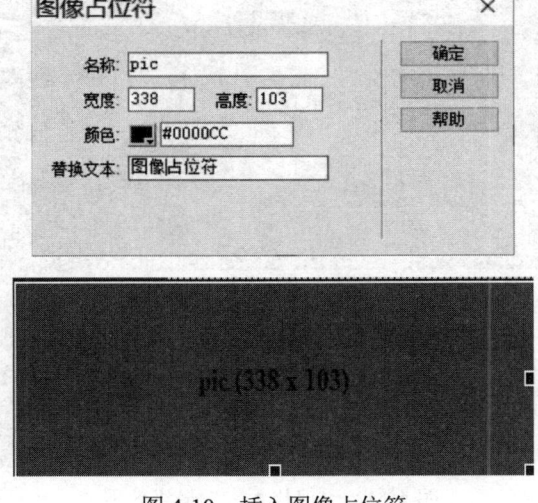

图 4-10　插入图像占位符

案例 2　在网页中插入多媒体

本案例中网页的原始效果如图 4-11 所示。

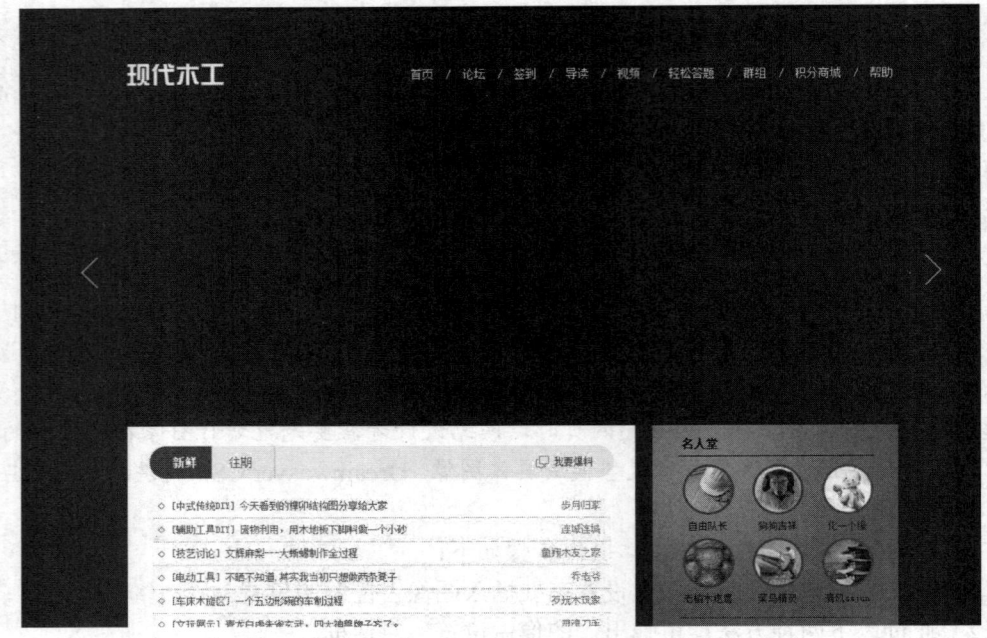

图 4-11 "现代木工"原始效果

本案例制作出来的网页的最终效果如图 4-12 所示。

图 4-12 "现代木工"最终效果

【制作关键】

执行 SWF 命令为网页文档插入 Flash 动画效果；通过"属性"面板设置动画属性；使用"播放"按钮在文档窗口中预览效果。

在 Dreamweaver CS6 中提供了使用 Flash 对象的功能，虽然 Flash 的文件类型有 Flash 源文件（.fla）、Flash SWF 文件（.swf）、Flash 模板文件（.swt），但 Dreamweaver CS6 只支持 Flash SWF 文件，因为它是 Flash 源文件的压缩版本，已经过了优化，更适于在 Web 上查看。

（1）在文档窗口的"设计"视图中，将插入点放置在想要插入影片的位置，然后通过以下三种方法中的任一种方法来执行 SWF 命令。

1）单击"插入"面板"常用"选项卡中的"媒体"展开式按钮，选择 SWF 命令，如图 4-13 所示，弹出"选择 SWF"对话。

图 4-13　选择 SWF 命令 1

2）在菜单中执行"插入"→"媒体"→SWF 命令，如图 4-14 所示，弹出"选择 SWF"对话。

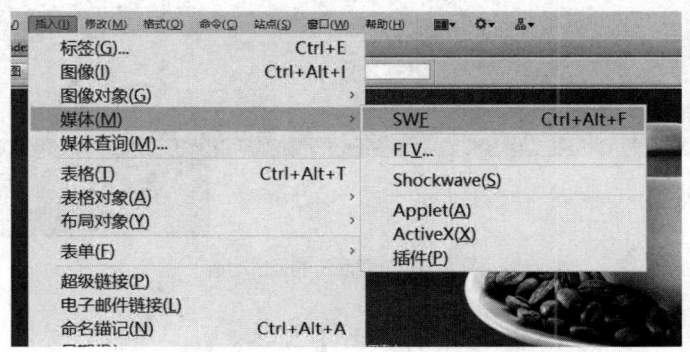

图 4-14　选择 SWF 命令 2

3）按组合键 Ctrl+Alt+F，弹出"选择 SWF"对话框。

（2）在"选择 SWF"对话框中选择一个扩展名为".swf"的文件，如图 4-15 所示，单击

"确定"按钮完成动画的插入。此时，Flash 占位符便出现在文档窗口中，如图 4-16 所示。

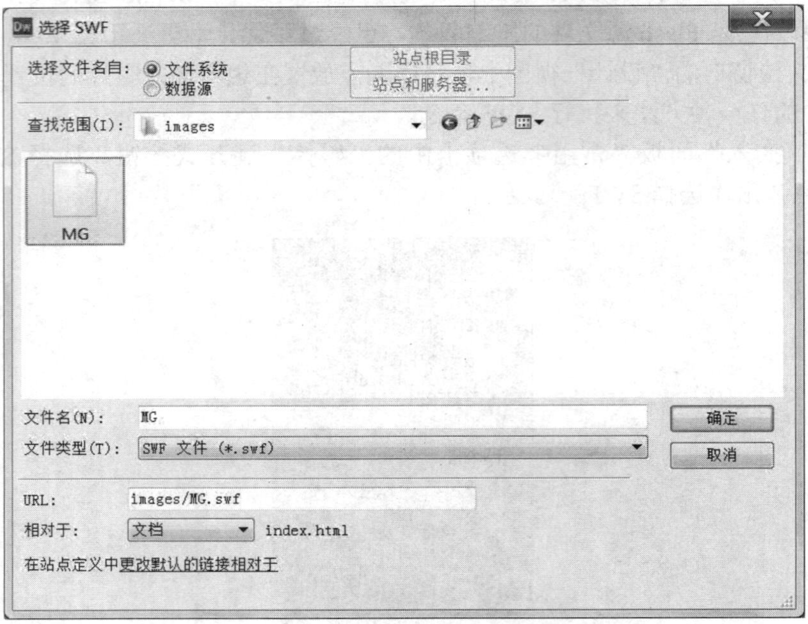

图 4-15 "选择 SWF"对话框

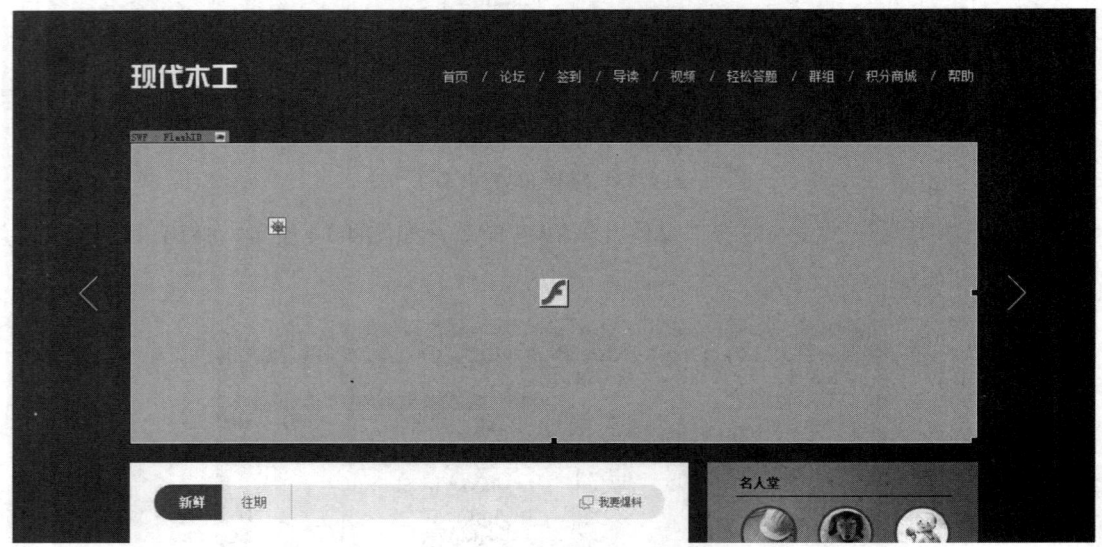

图 4-16 已插入 Flash 动画

【Web 前端开发（1+X）技能点提示】

<object classid="clsid:D27CDB6E-AE6D-11cf-96B8-444553540000" codebase="#version=5,0,0,0" width="468" height="60">
<param name=movie value="*.swf">

```
<param name=quality value=High>
<param name="_cx" value="12383">
<param name="_cy" value="1588">
<param name="flashvars" value>
<param name="src" ref value="*.swf">
<param name="wmode" value="Window">
<param name="play" value="-1">
<param name="loop" value="-1">
<param name="salign" value>
<param name="menu" value="-1">
<param name="base" value>
<param name="allowscriptaccess" value="always">
<param name="scale" value="ShowAll">
<param name="devicefont" value="0">
<param name="embedmovie" value="0">
<param name="bgcolor" value>
<param name="swremote" value>
<param name="moviedata" value>
<embed src="你的 flash 地址" quality=high pluginspage="P1_Prod_Version=ShockwaveFlash" type="application/x-shockwave-flash" width="468" height="60">
</embed></object>
```

参数说明如下：

（1）devicefont（设备字体）属性/参数值：true | false。

模板变量：$DE。

说明：（可选）对于未选定 devicefont 选项的静态文本对象，设置是否仍使用设备字体进行绘制（如果操作系统提供了所需字体）。

（2）src 属性值：movieName.swf。

模板变量：$MO。

说明：设置要加载的 SWF 文件的名称，仅适用于 embed。

（3）movie 参数值：movieName.swf。

模板变量：$MO。

说明：设置要加载的 SWF 文件的名称，仅适用于 object。

（4）classid 属性值：clsid:D27CDB6E-AE6D-11cf-96B8-444553540000。

说明：标识浏览器的 ActiveX 控件，输入的值必须与上面的显示完全一致，仅适用于 object。

（5）width 属性值：n 或 n%。

模板变量：$WI。

说明：以像素值或浏览器窗口的百分比值来设置应用程序的宽度。

（6）height 属性值：n 或 n%。

模板变量：$HE。

说明：以像素值或浏览器窗口的百分比值来设置应用程序的高度。

注意：因为 Flash 应用程序的窗口是可缩放的，所以只要宽高比保持不变，不论以任何尺寸播放，动画的品质都不会降低。（例如，640 像素×480 像素、320 像素×240 像素和 240 像素×180 像素，这些尺寸的宽高比都是 4:3）。

（7）codebase 属性值：active.macromedia.com/flash7/cabs/swflash.cab#version=5,0,0,0。

说明：标识 Flash Player ActiveX 控件的位置，以便在尚未安装该控件时浏览器可以自动下载它；输入的值必须与上面的显示完全一致；仅适用于 object。

（8）pluginspage 属性值：www.macromedia.com/shockwave/download/index.cgi?P1_Prod_Version=shockwaveflash。

说明：标识 Flash Player 插件的位置，以便在尚未安装该插件时用户可以下载它；输入的值必须与上面的显示完全一致；仅适用于 embed。

（9）swliveconnect 属性值：true | false。

说明：（可选）设置第一次加载 Flash Player 时浏览器是否应启动 Java。如果忽略此属性，默认值为 false。如果在同一页面上同时使用 JavaScript 和 Flash，Java 必须处于运行状态，FSCommand()函数才能起作用。但是，如果运行 JavaScript 只是为了检测浏览器或用于其他与 FSCommand()动作无关的目的，则可以通过将 swliveconnect 设置为 false，从而防止 Java 启动。当没有将 JavaScript 和 Flash 一起使用时，也可以通过将 swliveconnect 属性明确设置为 true，强制 Java 启动。启动 Java 会显著增加启动 SWF 文件所需的时间，因此，只有在必要时才应将此标记设置为 true。仅适用于 embed。

使用 FSCommand()动作可从独立的放映文件中启动 Java。

（10）play 属性/参数值：true | false。

模板变量：$PL。

说明：（可选）设置应用程序是否在浏览器中加载时就开始播放。如果 Flash 应用程序是交互式的，则可以让用户通过单击按钮或执行某些其他任务来开始播放。在这种情况下，将 play 属性设置为 false 可禁止应用程序自动开始播放。如果忽略此属性，默认值为 true。

（11）loop 属性/参数值：true | false。

模板变量：$LO。

说明：（可选）设置 Flash 内容在播放完最后一帧后是无限制重复播放还是停止。如果忽略此属性，默认值为 true。

（12）quality 属性/参数值：Low | Medium | High | Autolow | Autohigh | Best。

模板变量：$QU。

说明：（可选）设置在应用程序回放期间使用的消除锯齿级别。因为消除锯齿需要更快的处理器先对 SWF 文件的每一帧进行平滑处理，然后再将它们呈现到观众屏幕上，所以应根据要优化速度还是优化外观来选择一个值，选择依据如下：

- Low：使回放速度优先于外观，而且从不使用消除锯齿功能。
- Autolow：优先考虑速度，但是也会尽可能改善外观。回放开始时，消除锯齿功能处于关闭状态，如果 Flash Player 检测到处理器可以处理消除锯齿功能，就会打开该功能。
- Autohigh：在开始时是回放速度和外观两者并重，但在必要时会牺牲外观来保证回放速度。回放开始时，消除锯齿功能处于打开状态。如果实际播放帧频降到指定帧频之下，就会关闭消除锯齿功能以提高回放速度。使用此设置可模拟 Flash 中的"消除锯齿"命令（"查看"→"预览模式"→"消除锯齿"）。

- Medium：会应用一些消除锯齿功能，但并不会平滑位图。该设置生成的图像品质要高于 Low 设置生成的图像品质，但低于 High 设置生成的图像品质。
- High：使外观优先于回放速度，它始终应用消除锯齿功能。如果 SWF 文件不包含动画，则会对位图进行平滑处理；如果 SWF 文件包含动画，则不会对位图进行平滑处理。
- Best：提供最佳的图像品质，而不考虑回放速度，对所有输出都进行消除锯齿处理，并且对所有位图都进行平滑处理。

如果忽略 quality 属性，其默认值为 High。

（13）bgcolor 属性/参数值：#RRGGBB（十六进制 RGB 值）。

模板变量：$BG。

说明：（可选）设置应用程序的背景色。使用此属性来覆盖在 Flash SWF 文件中指定的背景色设置。此属性不影响 HTML 页面的背景色。

（14）scale 属性/参数值：Showall | Noborder | Exactfit。

模板变量：$SC。

说明：（可选）当 width 和 height 值是百分比时，定义应用程序如何被放置在浏览器窗口中。

- Showall（默认值）：使整个 Flash 内容显示在指定区域中，且不会发生扭曲，同时保持它的原始宽高比。边框可能会出现在应用程序的两侧。
- Noborder：对 Flash 内容进行缩放以填充指定区域，不会发生扭曲，它会使应用程序保持原始宽高比，但有可能会进行一些裁剪。
- Exactfit：使整个 Flash 内容显示在指定区域中，但不尝试保持原始宽高比，可能会发生扭曲。

如果忽略此属性（而且 width 和 height 的值是百分比），则它的默认值是 Showall。

（15）align 属性值：Default | L | R | T | B。

模板变量：$HA。

说明：（可选）设置 object、embed 和 img 标记的 align 值，并确定如何在浏览器窗口内放置 Flash SWF 文件。

- "Default"：使应用程序在浏览器窗口内居中显示，如果浏览器窗口小于应用程序，则会裁剪边缘。
- L、R、T 和 B：使应用程序分别沿着浏览器窗口的左、右、上、下边缘对齐，并根据需要裁剪其余三边。

（16）salign 参数值：L | R | T | B | TL | TR | BL | BR。

模板变量：$SA。

说明：（可选）设置缩放的 Flash SWF 文件在由 width 和 height 设置定义的区域内的位置。有关这些条件的详细信息，请参阅 scale 属性/参数。

- L、R、T 和 B：使应用程序分别沿着浏览器窗口的左、右、上、下边缘对齐，并根据需要裁剪其余三边。
- TL 和 TR：使应用程序分别与浏览器窗口的左上角和右上角对齐，并根据需要裁剪底边和剩余的右侧或左侧边缘。
- BL 和 BR：使应用程序分别与浏览器窗口的左下角和右下角对齐，并根据需要裁剪顶边和剩余的右侧或左侧边缘。

如果忽略此属性，Flash 内容会在浏览器窗口中居中显示。

（17）base 属性值：基本目录或 URL。

说明：（可选）设置用于解析 Flash SWF 文件中的所有相对路径语句的基本目录或 URL。如果 SWF 文件保存在与其他文件不同的目录下，这个属性是非常有用的。

（18）menu 属性/参数值：true | false。

模板变量：$ME。

说明：（可选）设置当观众在浏览器中右击（Windows 系统）或按住 Command 键单击（MacOS 系统）应用程序区域时将显示的菜单类型。

- true 显示完整的菜单，让用户使用各种选项增强或控制回放。
- false 显示的是一个只包含"关于 Macromedia Flash Player 6"选项和"设置"选项的菜单。

如果忽略此属性，默认值为 true。

（19）wmode 属性/参数值：Window | Opaque | Transparent。

模板变量：$WM。

说明：（可选）使用户可以使用 Internet Explorer 4.0 中的透明 Flash 内容、绝对定位和分层显示的功能。此标记/属性仅在带有 Flash Player ActiveX 控件的 Windows 中有效。

- Window：在 Web 页上用影片自己的矩形窗口来播放应用程序。Window 表明 Flash 应用程序与 HTML 层没有任何交互，并且始终位于最顶层。
- Opaque：使应用程序隐藏掉页面上位于它后面的所有内容。
- Transparent：使 HTML 页的背景可以透过应用程序的所有透明部分进行显示，这样可能会降低动画性能。

"Opaque windowless"和"Transparent windowless"都可与 HTML 层交互，并允许 SWF 文件上方的层遮蔽应用程序。这两种选项之间的差异在于 Transparent 允许透明，因此，如果 SWF 文件的某一部分是透明的，则 SWF 文件下方的 HTML 层则可以透过该部分显示出来。如果忽略此属性，默认值为 Window，仅适用于 object。

（20）allowscriptaccess 属性/参数值：always | never | samedomain。

说明：使用 allowscriptaccess 使 Flash 应用程序可与承载它的 HTML 页通信。此参数是必需的，因为 FSCommand()和 getURL()操作可能导致 JavaScript 使用 HTML 页的权限，而该权限可能与 Flash 应用程序的权限不同。这与跨域安全性有着重要关系。

- always：允许随时执行脚本操作。
- never：禁止所有脚本执行操作。
- samedomain：只有在 Flash 应用程序来自与 HTML 页相同的域时才允许执行脚本操作。

所有 HTML 发布模板使用的默认值均为 samedomain。

注意：此部分中列出的属性和参数特意以小写字母显示，以符合 XHTML 标准。

提示：插入透明 Flash。

Dreamweaver 插入透明 Flash 的源代码如下：

设置单元格背景为图片背景

`<td width="375" height="88" rowspan="2" valign="bottom"   background="images/tu.jpg">`

```
<object classid="clsid27CDB6E-AE6D-11cf-96B8-444553540000" codebase="http://download.macromedia.
 com/pub/shockwave/cabs/flash/swflash.cab#version=6,0,29,0"  width="373" height="166" align="center">
<param name="movie" value="images/move.swf">
<param name="quality" value="high">
<param name="wmode" value="transparent">
<embed src="images/move.swf" width="373" height="166" align="center" quality="high" pluginspage=
 "http://www.macromedia.com/go/getflashplayer"; type="application/x-shockwave-flash"></embed>
</object>
</td>
```

> 此代码可使 Flash 背景透明

【制作过程】

（1）在菜单中选择"文件"→"打开"命令，在弹出的"打开"对话框中选择"第 4 章 图像和多媒体"→"项目素材"→"4.2 现代木工网页"→index.html 文件，单击"打开"按钮打开文件，如图 4-17 所示。

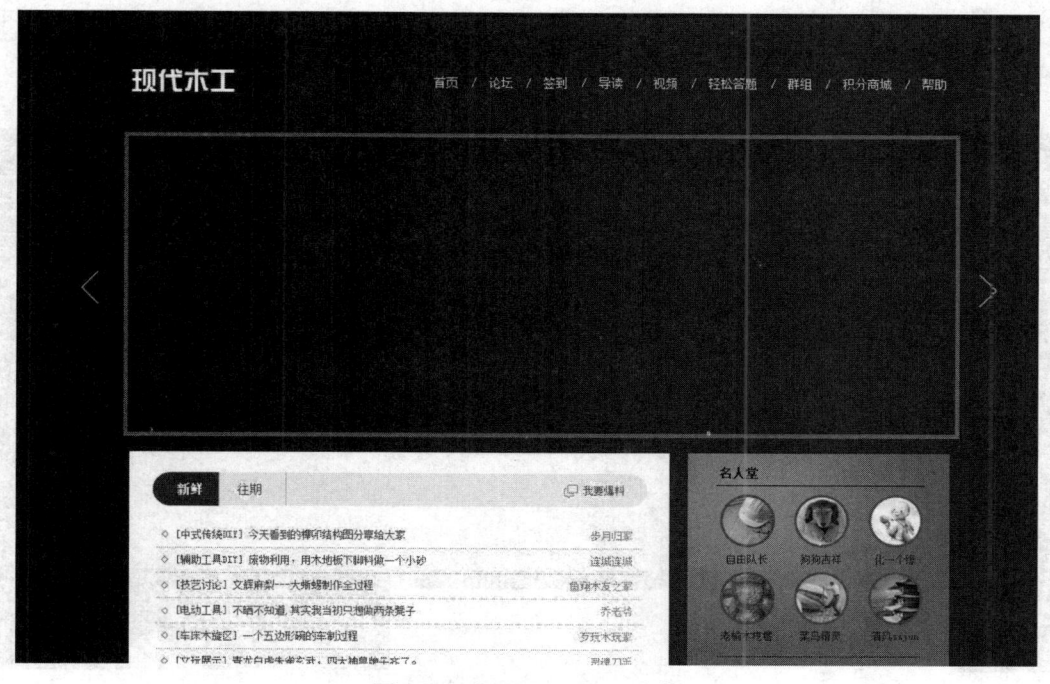

图 4-17　打开 index.html 文件

（2）插入 Flash 动画。将光标放置到图 4-17 中所示的单元格中，执行"插入"→"常用"→"媒体"→SWF 命令，如图 4-18 所示。

在弹出的"选择 SWF"对话框中，选择"第 4 章 图像和多媒体"→"项目素材"→"4.2 现代木工网页"→images 文件夹中的 MG.swf 文件，如图 4-19 所示。

单击"确定"按钮，完成 Flash 动画的插入，效果如图 4-20 所示。

（3）选中插入的动画，在"属性"面板的 Wmode 选项的下拉列表中选择"透明"选项，单击"属性"面板中的"播放"按钮，便可在文档窗口中预览效果，如图 4-21 所示。单击"属性"面板中的"停止"按钮则可以停止放映动画。

图 4-18 插入 Flash 动画

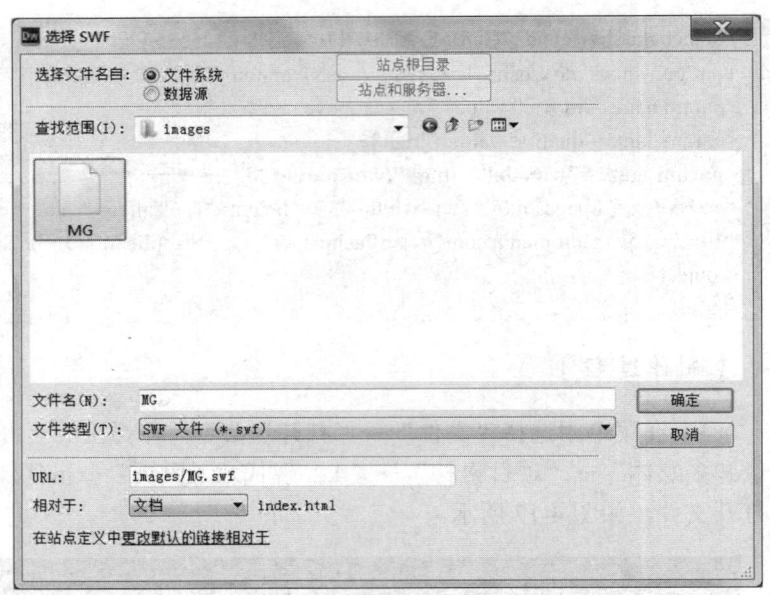
图 4-19 选择 SWF 文件

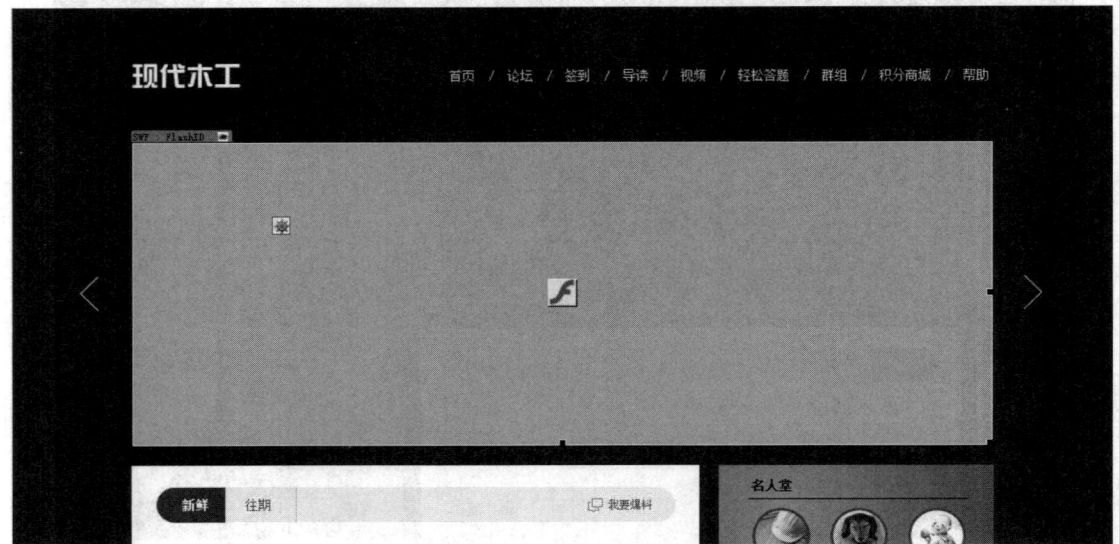
图 4-20 完成插入 Flash 动画

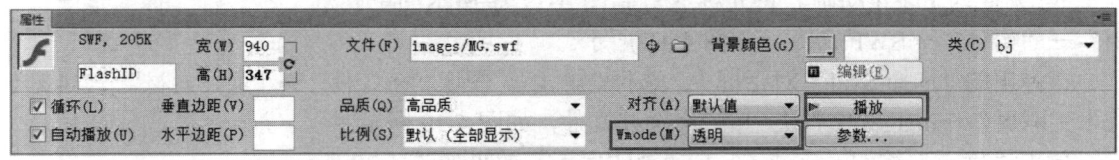
图 4-21 预览动画

（4）保存文档，按快捷键 F12 进行预览，效果如图 4-22 所示。

第 4 章　图像和多媒体　57

图 4-22　插入 Flash 动画后的效果

【技能拓展】

"现代木工"网页的源代码如下：

```
<html>
    <head>
    <title>现代木工</title>
    <meta http-equiv="Content-Type" content="text/html; charset=utf-8">
    <style type="text/css">
    body {
        margin-left: 0px;
        margin-top: 0px;
        margin-right: 0px;
        margin-bottom: 0px;
    }
    .bj {
        background-image: url(images/bj.jpg);
    }
    </style>
    <script src="file:///C:/Users/Administrator/AppData/Roaming/Adobe/Dreamweaver CS6/zh_CN/Configuration/Temp/Assets/eamD13B.tmp/Scripts/swfobject_modified.js" type="text/javascript"></script>
    </head>
    <body >
    <table width="1200" height="1300" border="0" align="center" cellpadding="0" cellspacing="0" id="_01">
        <tr>
            <td colspan="3">
```

```html
            <img src="images/pic_1.jpg" width="1200" height="154" alt=""></td>
    </tr>
    <tr>
      <td>
          <img src="images/pic_2.jpg" width="130" height="346" alt=""></td>
      <td width="940" height="346" class="bj"><object id="FlashID" classid="clsid:D27CDB6E-AE6D-11cf-96B8-444553540000"width="940" height="346">
        <param name="movie" value="images/MG.swf">
        <param name="quality" value="high">
        <param name="wmode" value="transparent">
        <param name="swfversion" value="15.0.0.0">
        
        <param name="expressinstall" value="Scripts/expressInstall.swf">
        
        <!--[if !IE]>-->
        <object type="application/x-shockwave-flash" data="images/MG.swf" width="940" height="346">
        <!--<![endif]-->
          <param name="quality" value="high">
          <param name="wmode" value="transparent">
          <param name="swfversion" value="15.0.0.0">
          <param name="expressinstall" value="Scripts/expressInstall.swf">
          <div>
            <h4>此页面上的内容需要较新版本的 Adobe Flash Player。</h4>
            <p><a href="http://www.adobe.com/go/getflashplayer"><img src="http://www.adobe.com/images/shared/download_buttons/get_flash_player.gif" alt="获取 Adobe Flash Player" width="112" height="33" /></a></p>
          </div>
        <!--[if !IE]>-->
            </object>
        <!--<![endif]-->
      </object></td><td>
          <img src="images/pic_3.jpg" width="130" height="346" alt=""></td></tr>
      <tr>
        <td colspan="3">
          <img src="images/pic_4.jpg" width="1200" height="800" alt=""></td>
      </tr>
</table>
<script type="text/javascript">
     swfobject.registerObject("FlashID");
</script>
</body>
</html>
```

注释说明：
- `<param name="expressinstall" ...>`：此 param 标签提示使用 Flash Player 6.0 或更高版本，用户可下载最新版本的 Flash Player。如果不想让用户看到该提示，请将其删除。
- `<object type="application/x-shockwave-flash" ...>`：下一个对象标签用于非 IE 浏览器，所以使用 IECC 将其从 IE 隐藏。

在网页中除了使用文本和图像元素表达信息外，用户还可以插入 Flash 动画、FLV 视频、Shockwave 影片、Applet 程序、ActiveX 程序等多媒体元素，相应的添加功能可以在"插入"菜单的"媒体"选项中找到，用户可以根据具体需求选择添加相应的媒体文件，如图 4-23 所示。

虽然这些多媒体对象能够使网页变得更加丰富多彩，吸引更多的浏览者的目光，但是有时会以牺牲浏览速度和兼容性为代价。所以，一般为了保证浏览速度，网站不会大量运用多媒体元素。

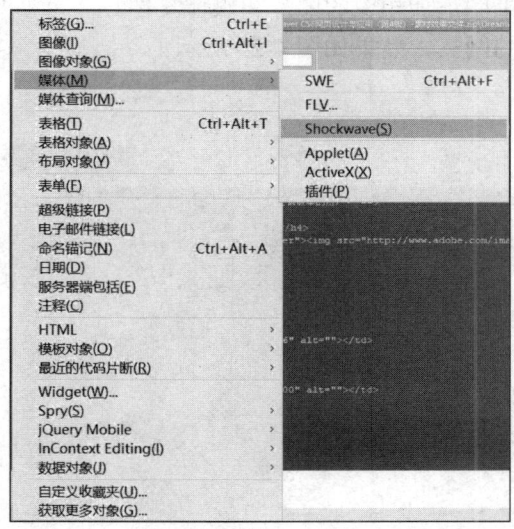

图 4-23　插入多媒体

实战 1　制作一个宠物狗网店网页

打开本章素材文件，按效果图添加相应的图片。
制作出的宠物狗网店的网页，效果如图 4-24 所示。

图 4-24　宠物狗网店网页

实战 2　制作准妈妈课堂网页

打开素材文件，按效果图添加相应的图片和媒体文件。

制作出的准妈妈课堂的网页，效果如图 4-25 所示。

图 4-25　准妈妈课堂网页

本 章 小 结

本章主要介绍了在网页中插入图像和多媒体元素的方法。经过本章的学习，读者应熟练掌握多媒体元素的编辑方式，会利用属性的调整改变图像的大小及边框位置等。熟练掌握图像和多媒体元素的使用可以使网页变得更加美观、生动、丰富多彩。

第 5 章 超 链 接

前面的章节已介绍过 HTML 的基本结构、基本标签，本章将介绍应用非常广泛的超链接标签<a>。本章主要介绍文本超链接、图片超链接、电子邮件超链接、下载文件超链接、锚链接等超链接的基本编辑方法。

5.1 超链接的基本用法

案例 1　制作一个文本的超链接

本案例网页的最终效果如图 5-1 所示。

图 5-1　文本超链接

【制作关键】

先在网页文档中添加文字，然后在属性面板的"链接"文本框中输入要链接的地址"https://www.baidu.com/"。

【Web前端开发（1+X）技能点提示】

超链接语法结构：
<a href="链接地址"> 文本</a>
代码示例如下：
<body>
    <a href="https://www.baidu.com/">百度</a>
</body>

- "<a>…</a>"为超链接标记。
- href 表示链接地址的路径。

【制作过程】

（1）新建一个 HTML 文档，命名为 ex1.html，在文本编辑区输入"百度"，如图 5-2 所示。

图 5-2　新建 ex1.html 文档

（2）选中文本"百度"，在属性面板的"链接"文本框中输入"https://www.baidu.com/"，如图 5-3 所示。

（3）执行"文件"→"保存"命令，保存文件。单击图 5-3 中快捷面板上的按钮 ▣ （快捷键为 F12），然后单击"百度"，便跳转到新的页面，效果如图 5-4 所示。

第 5 章 超链接

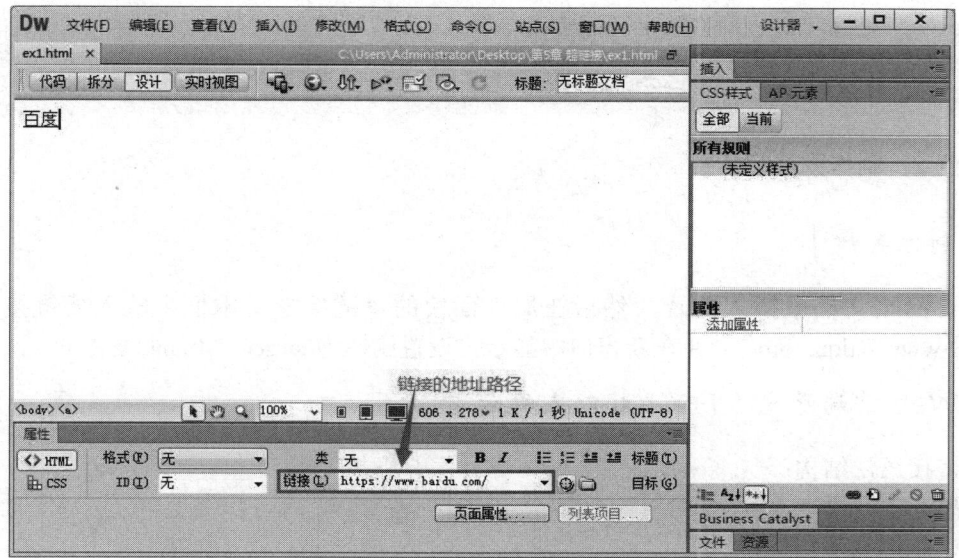

图 5-3　设置文本超链接属性

图 5-4　文本超链接跳转

【技能拓展】

ex1.html 文件源代码如下：

```
<html xmlns="http://www.w3.org/1999/xhtml">
    <head>
        <meta http-equiv="Content-Type" content="text/html; charset=utf-8" />
        <title>百度</title>
    </head>
    <body>
```

```
            <a href="https://www.baidu.com/">百度</a>
    </body>
</html>
```

案例 2　制作图片超链接

【制作关键】

先在网页文档中插入图片，然后在属性面板的"链接"文本框中输入要链接的地址"https://www.baidu.com/"，并在新窗口中显示，设置属性为 target="_blank"。

【Web 前端开发（1+X）技能点提示】

超链接语法结构：

```
<a href="链接地址"　target="目标窗口位置"> 图片</a>
```

代码示例如下：

```
<body>
  <a href="https://www.baidu.com/"　target="_blank">
        <img src="第 5 章 超链接/baidu.jpg" width="412" height="91" alt="百度"/></a>
</body>
```

target：指定链接在哪个窗口打开，默认是_self（自身窗口），_blank 为新建窗口。

【制作过程】

（1）新建一个 HTML 文档，命名为 ex2.html，执行"插入"→"图像"命令，插入图片，如图 5-5 所示。

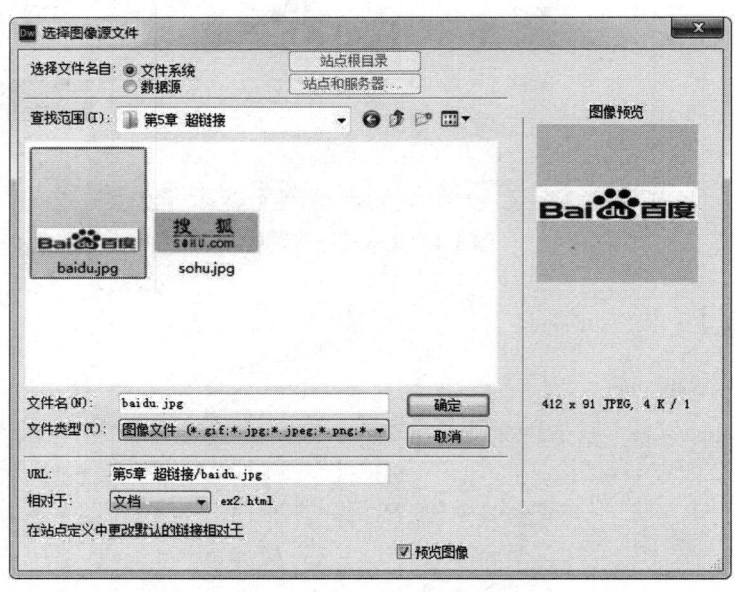

图 5-5　插入超链接图片

（2）选中插入的图片，在属性面板的"链接"文本框中输入要链接的地址"https://www.baidu.com/"，"目标"项选择"_blank"，如图 5-6 所示。

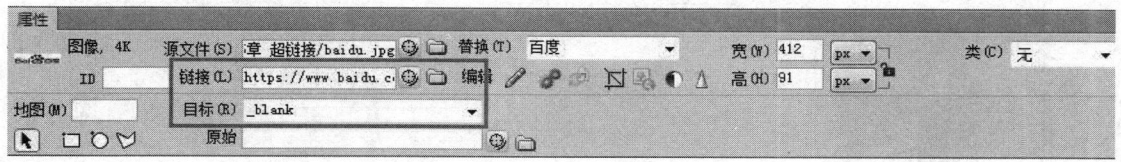

图 5-6　设置图片超链接属性

（3）单击插入的图片，在弹出的新窗口会打开超链接页面，网页效果如图 5-7 所示。

图 5-7　图片超链接跳转

【技能拓展】

ex2.html 文件源代码如下：

```
<html xmlns="http://www.w3.org/1999/xhtml">
    <head>
        <meta http-equiv="Content-Type" content="text/html; charset=utf-8" />
        <title>百度</title>
    </head>
    <body>
        <a href="https://www.baidu.com/" target="_blank"><img src="第 5 章 超链接/baidu.jpg" width="452" height="91" alt="百度" /></a>
    </body>
</html>
```

案例 3　制作商品信息展示

本案例制作网页的效果如图 5-8 和图 5-9 所示。

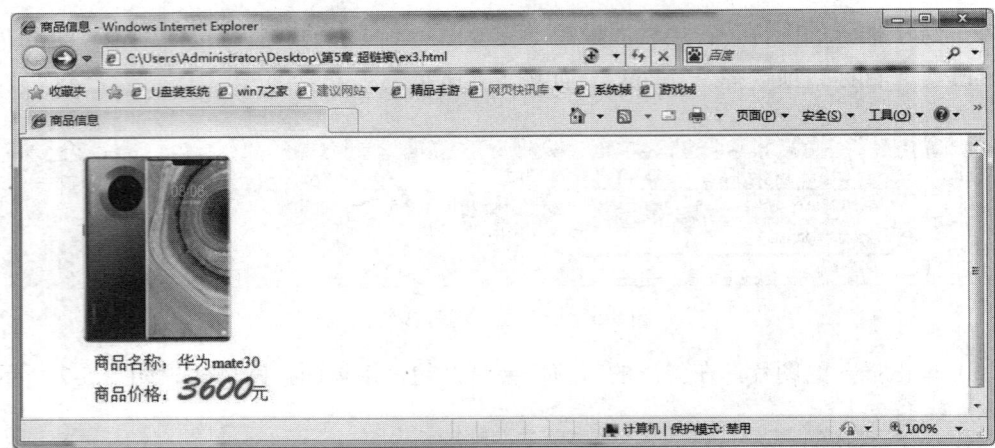

图 5-8　超链接商品信息展示

图 5-9　商品信息明细展示

【制作关键】

列表标签<dl>被广泛应用在图文混编的场合，结合<dt>和<dd>使用。一般<dt>用于放置商品图片，<dd>用于对商品信息进行描述。

首先给网页文档添加图片并设置超链接，实现站内页面跳转，再使用范围标签<span>限定某个范围来突出显示价格信息。

例如，为了用低价吸引用户购买商品，特意将价格一行中的"3600"设置为红色、加粗、大字体显示，此功能可通过范围标签<span>实现，该标签用于标识行内需要特殊显示的范围，如图 5-10 所示。

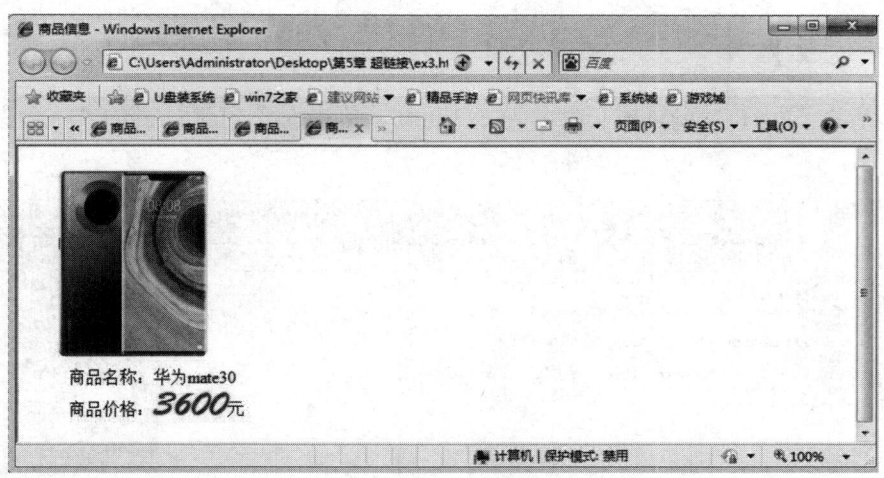

图 5-10 设置特殊字体

【Web 前端开发（1+X）技能点提示】

1. <span>语法结构

<span>语法结构如下：

<span class="样式类名">文本内容</span>

- <span>…</span>：此标签限定需要特殊显示内容的范围。
- class="font36"：用于引用 CSS 样式（如，font36 为字体样式）。

2. 链接路径

根据链接的地址是指向站内文件还是站外文件，链接地址又分为绝对路径和相对路径。

- 绝对路径：指向目标地址的完整描述，一般指向本站点外的链接。

例如，<a href="https://www.baidu.com/">百度</a>。案例 1、案例 2 中的链接地址为绝对路径。

- 相对路径：相对于当前页面的路径，一般指向本站点内的文件，所以一般不需要一个完整的 URL 地址形式。

例如，<a href="admin/login.html">登录</a>表示链接地址为：当前页面所在路径的"admin"目录下的"login.html"页面。如果当前页面所在的目录为"D:\school"，则链接地址对应的页面为"D:\school\login\login.html"。

- 站内相对路径表示方法如下：
    ① "../"：表示当前目录的上级目录。
    ② "../../"：表示当前目录的上上级目录。

如果当前页面中包含两个超链接，分别指向上级目录的 login.html 及上上级目录的 register.html，则对应的 HTML 代码如下：

<a href="../login.html">登录</a>
<a href="../../login.html">登录</a>

【制作过程】

（1）新建一个 HTML 文档，命名为 ex3.html，单击左上角工具栏的"拆分"按钮，如图 5-11 所示。

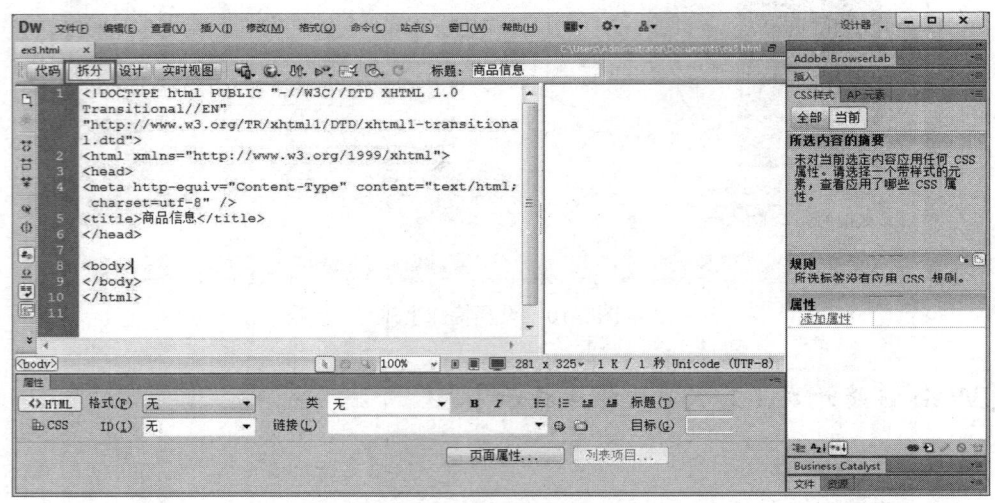

图 5-11　拆分

（2）进行页面布局。将光标放在代码<body>后边，然后分别选择菜单"插入"→HTML→"文本对象"→"定义列表"命令、"插入"→HTML→"文本对象"→"定义术语"命令和"插入"→HTML→"文本对象"→"定义"命令，这样将分别在代码中插入<dl>、<dt>和<dd>标签，如图 5-12 所示。

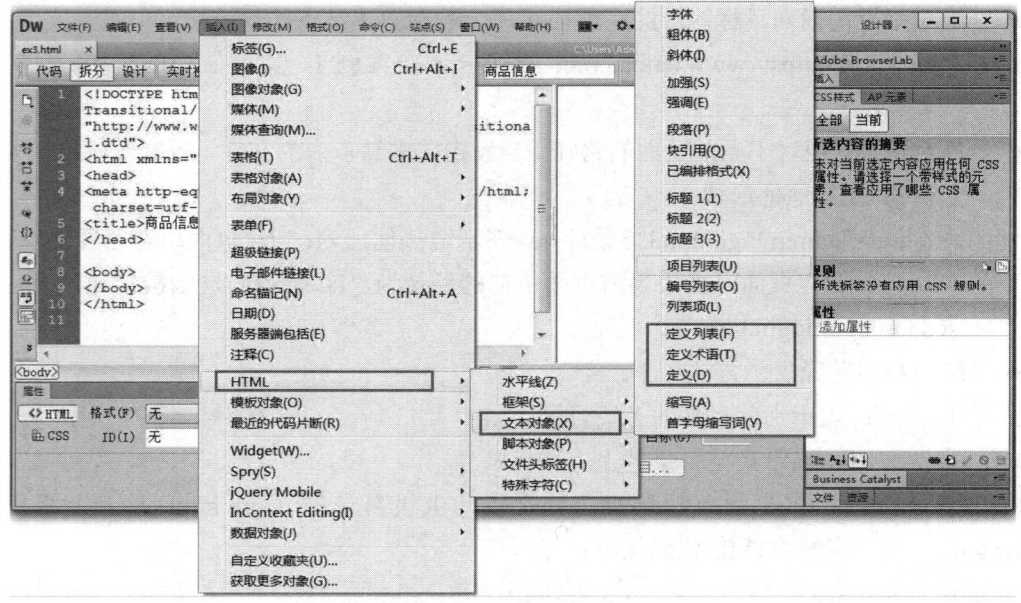

图 5-12　在代码中插入对象

（3）插入"图片"和"商品信息"，如图 5-13 所示。

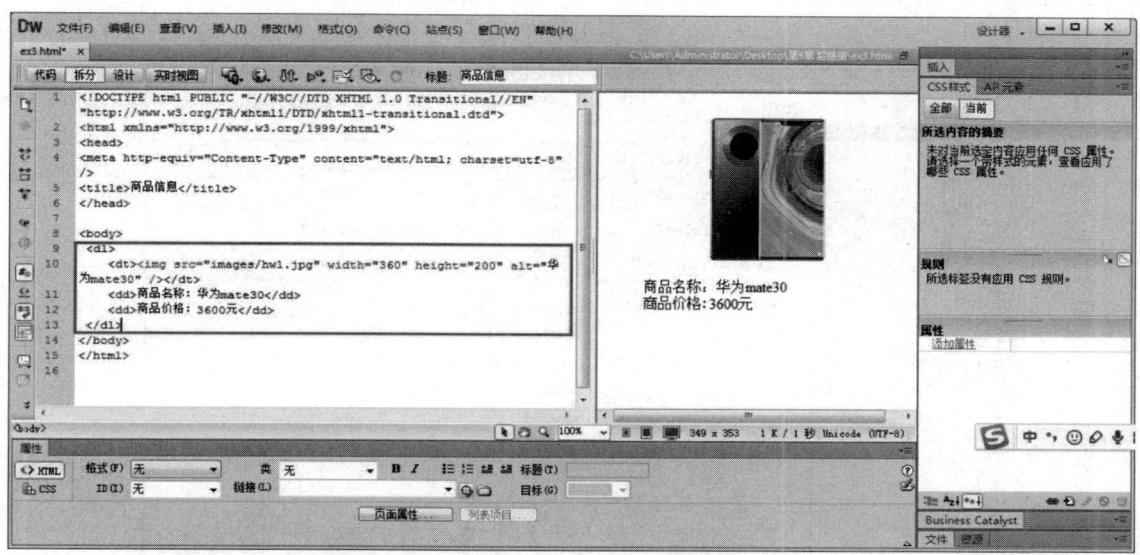

图 5-13　插入图片和商品信息

（4）突显价格信息。选中"3600"，单击属性面板中的"编辑规则"按钮，如图 5-14 所示，规则设置完成后单击"确定"按钮，在弹出的对话框中设置"字体"（Font-family）为"华文行楷"（详细设置见第 3 章），再依次设置"字体大小"（Font-size）、"粗体"（Font-weight）、"字体颜色"（Color），如图 5-15 所示。

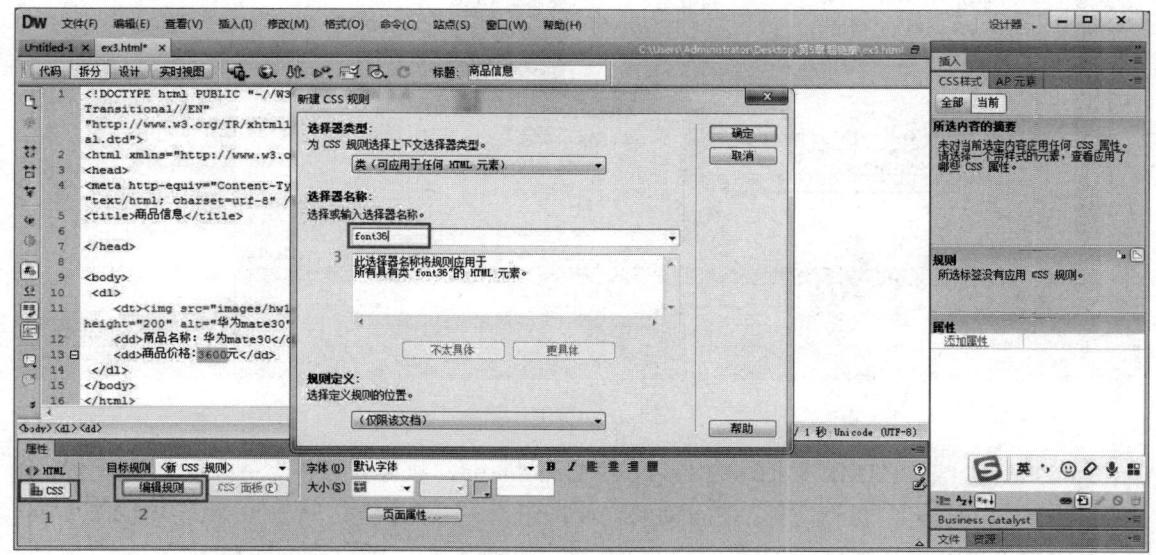

图 5-14　设置 CSS

（5）范围标签<span>用于标识行内的某个范围，为了用低价吸引用户购买商品，特意将价格"3600"设置为红色、大字体显示。相应代码中的"…"标签限定某个范围，class="font36"是引用 CSS 样式（红色、字体加粗等）。显示效果如图 5-16 所示。

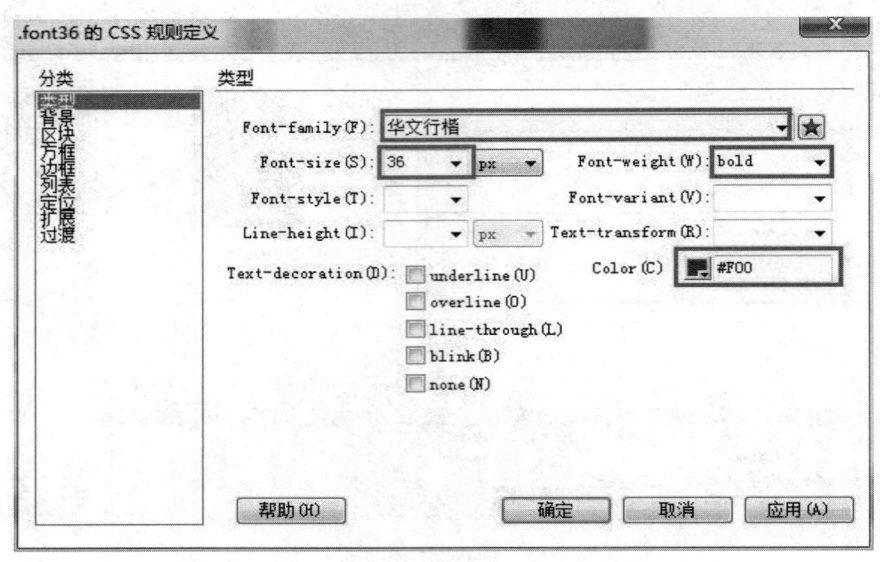

图 5-15　设置字体属性

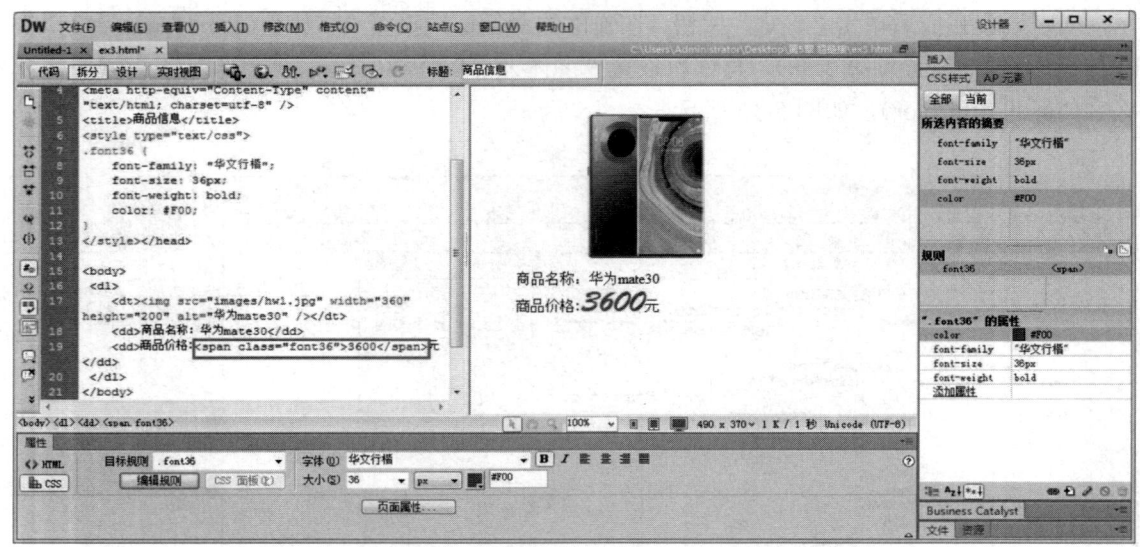

图 5-16　范围标签

（6）新建一个 HTML 文档，命名为 ex3_Detail.html，执行"插入"→"图像"命令，插入图片"hw1_d.jpg"，保存文件，效果如图 5-9 所示。

（7）设置站内超链接。返回 ex3.html 页面，选中图片，单击属性面板中的按钮▢，在弹出的"选择文件"对话框中选择要跳转的页面"ex3_Detail.html"，如图 5-17 所示。设置站内超链接实现效果，如图 5-18 所示。

第 5 章 超链接 71

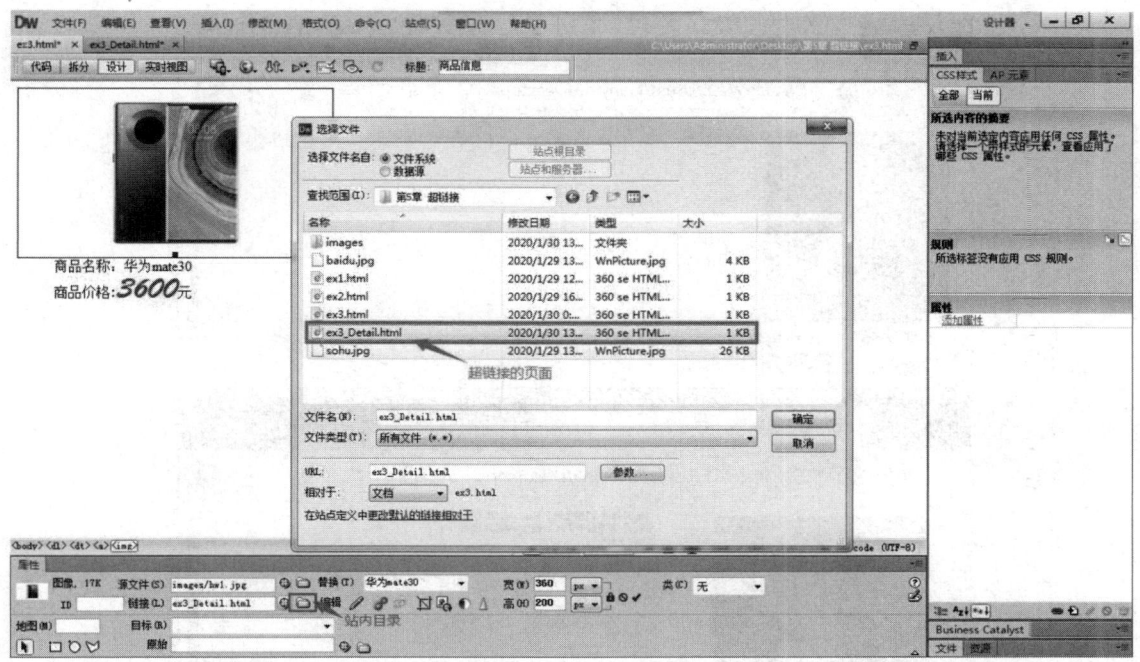

图 5-17 设置站内超链接

图 5-18 站内超链接效果

（8）执行"文件"→"保存"命令，保存文件。单击图 5-18 中快捷面板上的按钮 （快捷键 F12），网页效果如图 5-19 所示。

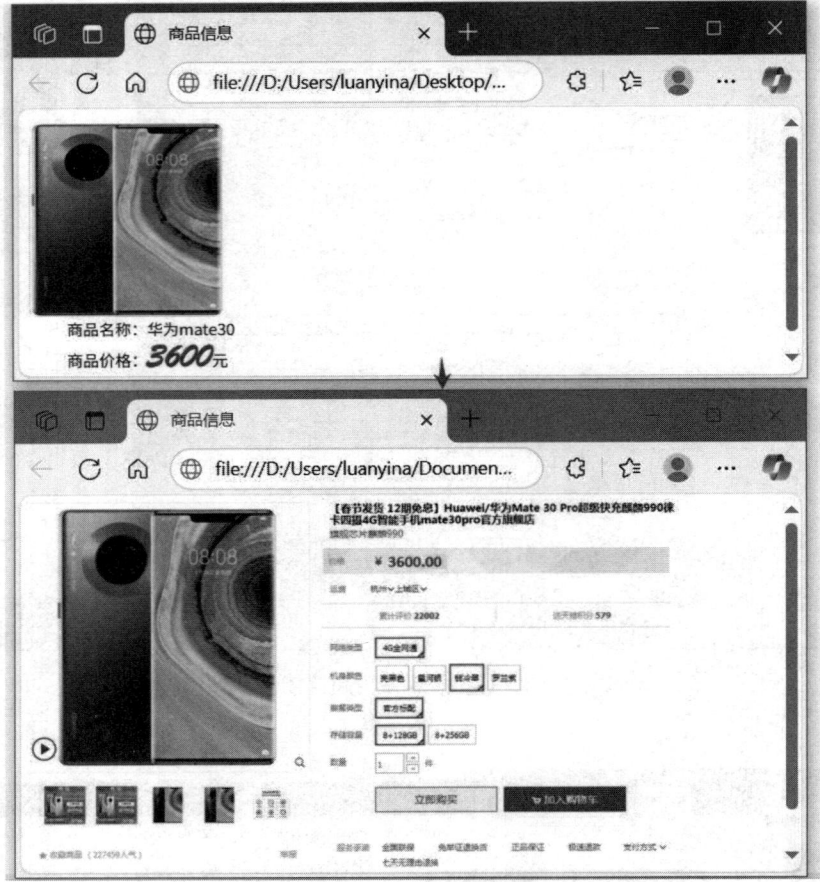

图 5-19 站内超链接跳转

【技能拓展】

ex3.html 文件源代码如下：

```
<html xmlns="http://www.w3.org/1999/xhtml">
<head>
<title>商品信息</title>
<style type="text/css">
.font36 {
    font-family: "华文行楷";
    font-size: 36px;
    font-weight: bold;
    color: #F00;
}
</style></head>
<body>
 <dl>
    <dt><a href="ex3_Detail.html"><img src="images/hw1.jpg" width="360" height="200" alt="华为mate30" /></a></dt>
    <dd>商品名称：华为 mate30</dd>
```

设置超链接

```
        <dd>商品价格：<span class="font36">3600</span>元</dd>
    </dl>
</body>
</html>
```

设置价格样式

实战　制作手机商品展示

网页的初始效果如图 5-20 所示。

图 5-20　超链接商品信息展示

网页跳转后的效果如图 5-21 所示。

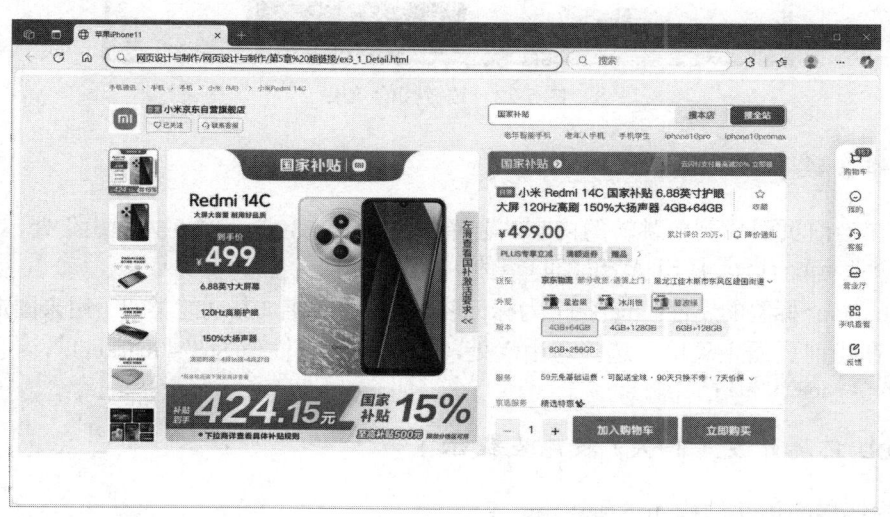

图 5-21　商品信息明细展示

5.2　锚链接的应用

当一个页面的内容很多，需要从 A 页的甲位置跳转到 A 页（本页）的乙位置，或从 A 页甲位置跳转到 B 页的乙位置时，就需要用到锚链接了。例如，网上的学习教程，单击某个教程的章节目录时，会直接跳转到对应章节的内容所在位置。

案例 1　制作锚链接

本案例制作网页的最终效果如图 5-22 所示。

图 5-22　锚链接的效果

【制作关键】

（1）在当前页面找到要跳转的内容"选择 HUAWEI P30 Pro 的 6 大理由"处，设置标记：
`<a name="#marker1">选择 HUAWEI P30 Pro 的 6 大理由</a>`
其中，name 为<a>标签的属性；marker1 为标记名，也称为锚名（其功能类似于用来固定船的锚）。

（2）在当前页面主菜单"选择理由"处，设置 href 属性值为"#marker1"，代码如下：
`<a href="#marker1">选择理由</a>`

【Web 前端开发（1+X）技能点提示】

关于锚链接的语法结构如下所述。
超链接位置：
`<a href="#marker1">选择理由</a>`
要跳转的位置：
`<a name="#marker1">选择 HUAWEI P30 Pro 的 6 大理由</a>`

name 为<a>标签的属性，#marker1 为锚名。

【制作过程】

(1) 执行"文件"→"打开"命令,打开 ex4.html 文档,如图 5-23 所示。

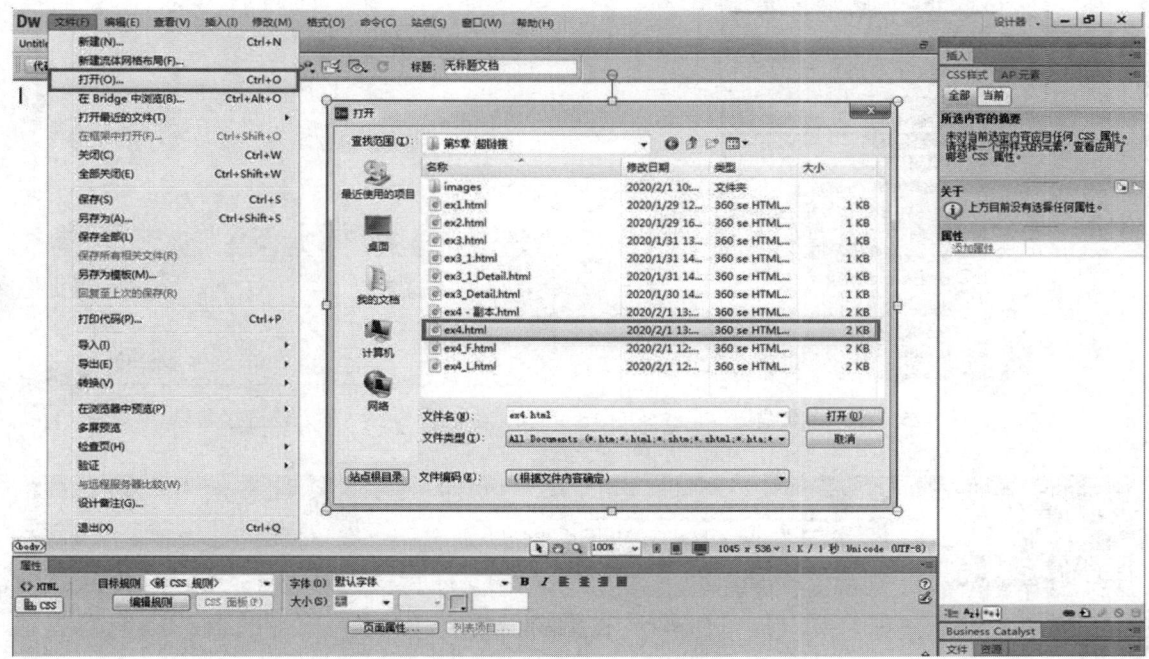

图 5-23 打开 ex4.html

(2) 在页面中找到要跳转的内容"选择 HUAWEI P30 Pro 的 6 大理由",将光标放在它的前面,如图 5-24 所示。

图 5-24 锚链接内容

(3) 执行"插入"→"命名锚记"命令,如图 5-25 所示,在弹出的"命名锚记"对话框中的"锚记名称"文本框中输入"marker1",如图 5-26 所示,此时在光标处将出现符号 ⚓ 。

(4) 返回到页面顶端选中"选择理由",然后在属性面板的"链接"文本框中输入"#marker1",如图 5-27 所示。

(5) 保存文件,然后单击快捷面板上的按钮 ◎ (快捷键 F12),单击"选择理由"后页面将跳转到新的位置,效果如图 5-28 所示。

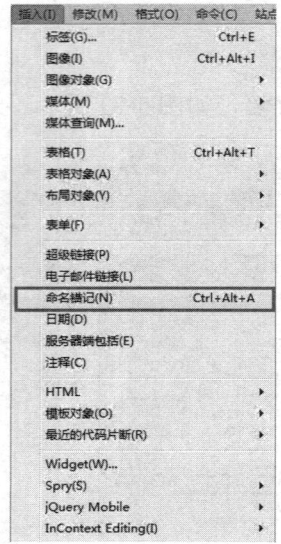
图 5-25 插入命名锚记

图 5-26 输入锚链接名称

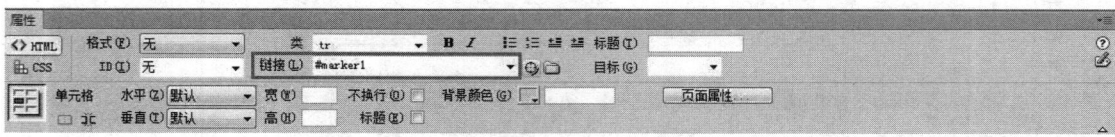
图 5-27 设置锚链接属性

图 5-28 锚链接的最终效果

（6）按照上述操作步骤，分别完成"商品介绍""售后保障""商品评价"这三个菜单的锚链接，详细操作步骤略。按照类似的操作步骤，也可以实现不同页面间的锚链接，即从 A 页面甲位置跳转到 B 页面的乙位置，详细操作步骤略。

【技能拓展】

ex4.html 文件源代码如下：

```html
<head>
    <title>华为 P30</title>
    <style type="text/css">
    a{text-decoration:none}
    .tb{
        width:100%}
    .tr {
        font-family: "隶书";
        font-size: 24px;          设置行样式
        font-weight: bold;
        color: #00F;
        background-image: url(images/hwp300.jpg);
        height: 46px;
        text-align: center;
        vertical-align: middle;
    }
    </style>
</head>
<body>
    <table class="tb">
    <tr class="tr">              锚链接
        <td><a href="#marker0">商品介绍</a></td>
        <td><a href="#marker1">选择理由</a></td>
        <td><a href="#marker2">售后保障</a></td>
        <td><a href="#marker3">商品评价</a></td>
        <td>联系我们</td>
    </tr>
    </table>
    <p>
    <a name="marker0" id="marker0"></a><br />
    <img src="images/hwp301.jpg" width="1160" height="539" alt="华为 P301" /><br />
    <a name="marker1" id="marker1"></a><br />
    <img src="images/hwp303.jpg" width="1160" height="55" alt="华为 P303" /><br />
    <img src="images/hwp304.jpg" width="1160" height="539" alt="华为 P304" /><br />
    <img src="images/hwp305.jpg" width="1160" height="305" alt="华为 P305" /><br />
    <a name="marker2" id="marker2"></a><br />
    <img src="images/hwp306.jpg" width="1100" height="478" alt="华为 P306" /><br />
    <img src="images/hwp307.jpg" width="1100" height="531" alt="华为 P307" /><br />
      <a name="marker3" id="marker3"></a><br />
    <img src="images/hwp308.jpg" width="1100" height="445" alt="华为 P308" /><br />
    </p>
```

```
    </body>
</html>
```

案例 2　制作电子邮件链接

超链接的另一个广泛应用的场合是功能性链接。

【制作关键】

功能性链接比较特殊，当单击链接时不是打开某个网页，而是启动本机自带的某个应用程序，如电子邮件、QQ、微信等。

【Web 前端开发（1+X）技能点提示】

电子邮件链接语法结构如下：
`<a href="mailto:电子邮件地址?subject=标题">  文本</a>`

以如下一段代码为例：
```
<body>
<a href="mailto:123456@qq.com?subject=华为 P30">联系我们</a>
</body>
```

- mailto：创建电子邮件链接。
- subject：邮件主题。

【制作过程】

（1）打开 ex4.html 文档，选中"联系我们"，执行"插入"→"电子邮件链接"命令，在"超级链接"对话框的"链接"文本框中输入电子邮件地址"123456@qq.com"，如图 5-29 所示。

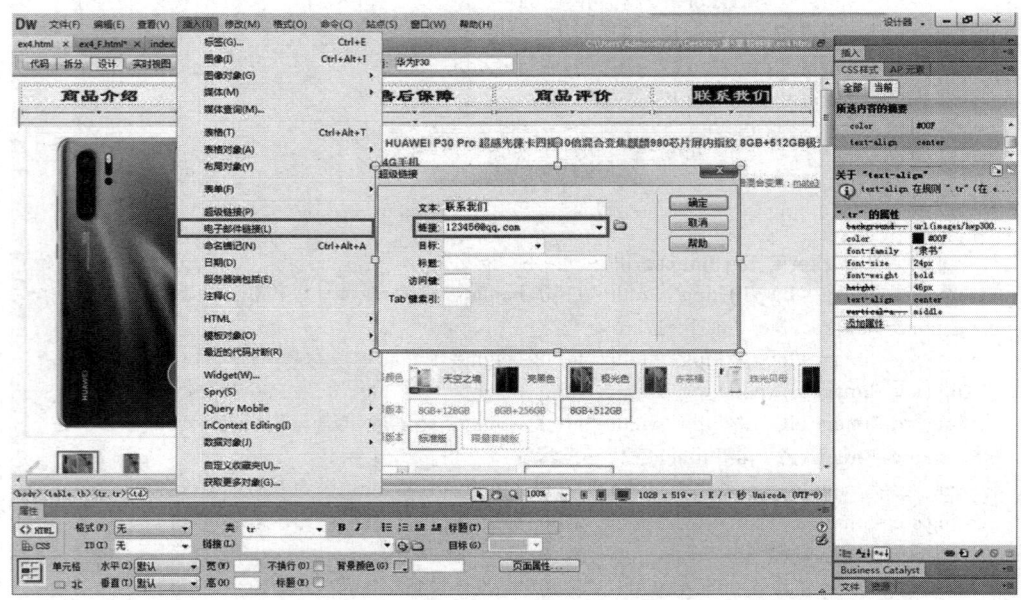

图 5-29　设置电子邮件超链接

（2）执行"文件"→"保存"命令，保存文件。单击快捷面板上的按钮 , （快捷键 F12），这时，单击"联系我们"后将跳转到新的页面，效果如图 5-30 所示。

图 5-30　电子邮件超链接效果

【技能拓展】

ex4.html 网页代码：

```
<body>
    <table class="tb">
    <tr class="tr">
        <td><a href="#marker0">商品介绍</a></td>
        <td><a href="#marker1">选择理由</a></td>
        <td><a href="#marker2">售后保障</a></td>
        <td><a href="#marker3">商品评价</a></td>
        <td><a href="mailto:123456@qq.com?subject=华为 P30">联系我们</a></td>
</body>
```

　　　　　　　　　　　创建电子邮件链接　　　邮件主题

5.3　超链接的综合应用

案例　制作网页小说

具体要求如下所述。

（1）首页分两部分：第一部分是书名、章节目录和广告图片，第二部分是每章的具体内容。

（2）使用锚链接实现：单击章节目录后，会跳转到本页面中对应的章节内容。

（3）使用<span>实现：将价格信息特殊显示。

本案例制作出来的网页的最终效果如图 5-31 所示。

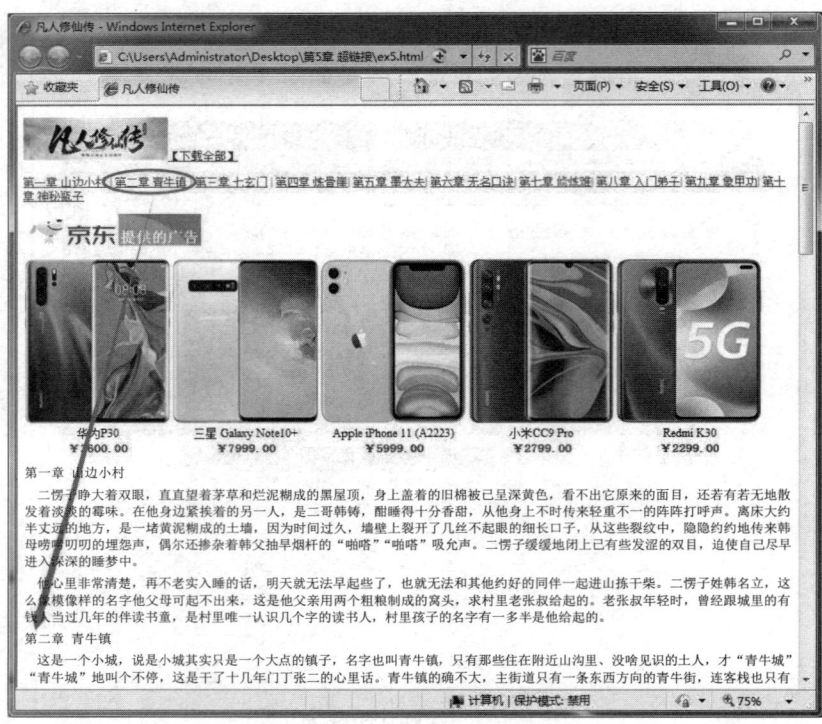

图 5-31 网页小说页面效果

【制作关键】

给网页文档添加章节导航,并设置章节的锚链接,为广告商品设置特殊显示的价格信息。

【Web 前端开发(1+X)技能点提示】

超链接语法结构如下:

<a href="链接地址" target="目标窗口位置"> 文本或图像</a>

以如下一段代码为例:

<body>
<a href="https://www.baidu.com/" target="_blank">百度</a>
</body>

- "<a>…</a>"为超链接标记。
- href 表示链接地址的路径。
- target 设置链接在哪个窗口打开,常用的取值有_self(自身窗口)和_blank(新建窗口)。

【制作过程】

(1)打开 ex5.html 文档,插入书名图片。执行"插入"→"图像"命令,在弹出的对话框中选择 images 文件夹下的 fanren.jpg 文件,如图 5-32 所示,然后修改属性面板中的"宽"为 200px,"高"为 60px,如图 5-33 所示。

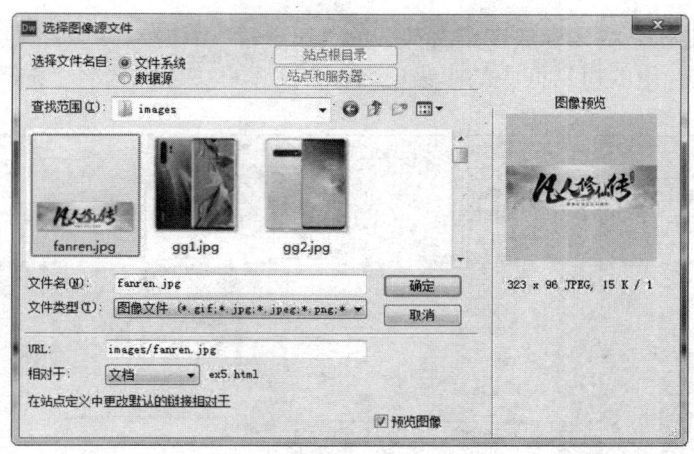

图 5-32　插入图片

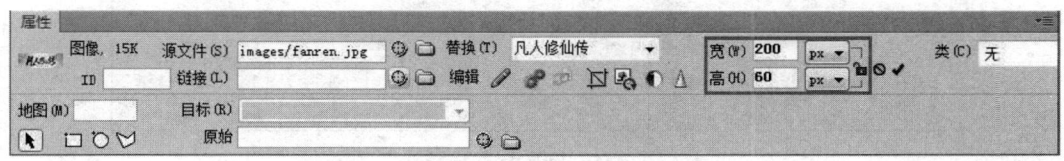

图 5-33　设置图片属性

（2）输入文本"【下载全部】"，并设置共"链接"属性为"down/凡人修仙传.docx"，如图 5-34 所示。相应的代码为：

<a href="down/凡人修仙传.docx">【下载全部】</a>

图 5-34　超链接下载

（3）制作章节导航。将"第一章　山边小村……"，放入"<nav>…</nav>"标签中。<nav>标签定义导航链接的部分，是 HTML 5 中新增的标签。

（4）制作锚链接。将光标放在正文部分的"第一章 山边小村"前，执行"插入"→"命名锚记"命令，在弹出的对话框中的"锚记名称"文本框中输入锚名"fr1"，如图 5-35 所示。

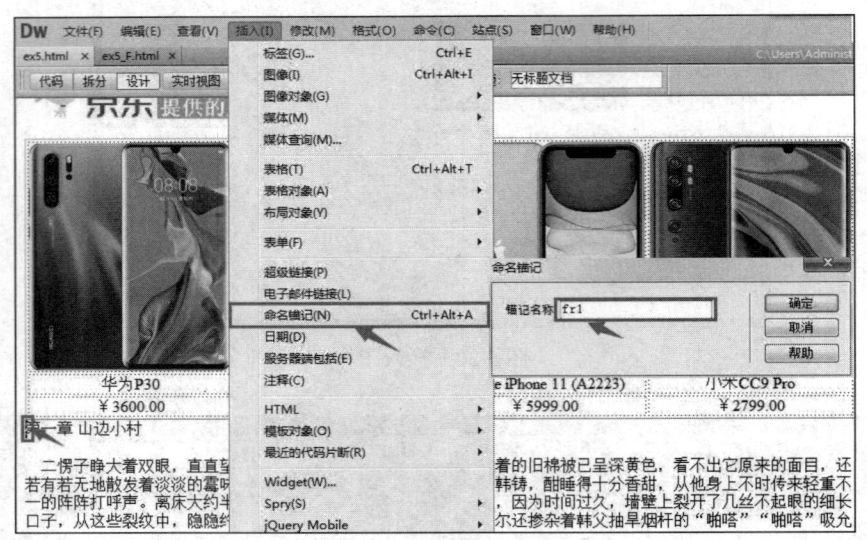

图 5-35　制作章节锚链接

（5）设置标题。选中标题"第一章 山边小村"右击，在弹出的快捷菜单中选择"段落格式"→"标题 2"命令，界面效果如图 5-36 所示。

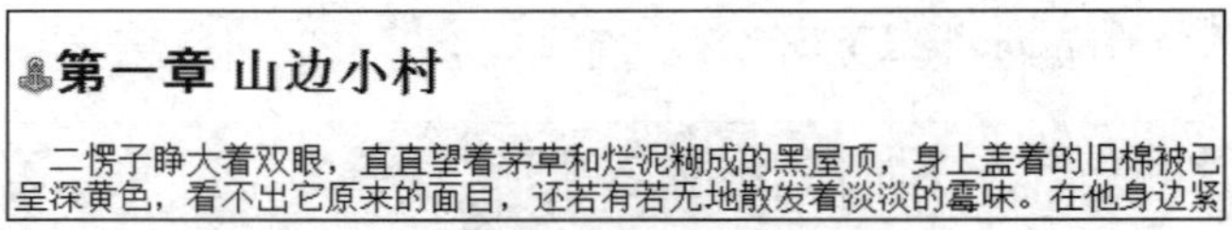

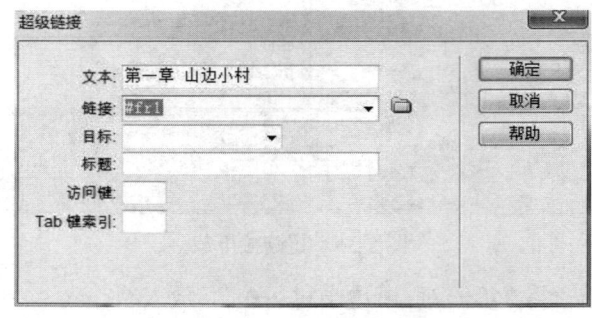

图 5-36　设置标题

（6）重复上述步骤（4）和步骤（5），完成第二章 青牛镇、第三章 七玄门、第四章 炼骨崖……等锚链接和标题格式的设置。

（7）返回导航栏，选中"第一章 山边小村"，执行"插入"→"超链接"命令，在弹出的"超级链接"对话框中的"链接"文本框中输入"#fr1"，如图 5-37 所示。重复此操作，完成导航栏内其他章节的设置。

图 5-37　设置锚链接

（8）插入广告。操作过程请参考 5.1 节中的案例 3，在此不再讲解，完成后的效果如图 5-38 所示。

图 5-38　设置广告超链接

【技能拓展】

ex5.html 文件源代码如下：

```
<head>
    <meta http-equiv="Content-Type" content="text/html; charset=utf-8" />
    <title>凡人修仙传</title>
    <style type="text/css">
    .tb {
        text-align: center;
        width: 1000px;
    }
    .font16 {
        font-family: "隶书";
        font-size: 16px;
        font-weight: bold;
        color: #F00;
    }
    </style></head>
    <body>
        <p><img src="images/fanren.jpg" width="200" height="60" alt="凡人修仙传" /><a href="down/凡人修仙传.docx">【下载全部】</a></p>
        <nav>
        <a href="#fr1">第一章　山边小村</a>|
        <a href="#fr2">第二章　青牛镇</a>|
        <a href="#fr3">第三章　七玄门</a>|
        <a href="#fr4">第四章　炼骨崖</a>|
```

```html
    <a href="#fr5">第五章  墨大夫</a>|
    <a href="#fr6">第六章  无名口诀</a>|
    <a href="#fr7">第七章  修炼难</a>|
    <a href="#fr8">第八章  入门弟子</a>|
    <a href="#fr9">第九章  象甲功</a>|
    <a href="#fr10">第十章  神秘瓶子</a>
  </nav>
  <p><img src="images/jdlogo.jpg" width="245" height="45" alt="京东 Logo" /></p>
  <table class="tb">
    <tr class="tb">
      <td><img src="images/gg1.jpg" width="200" height="232" alt="华为 P30" /></td>
      <td><img src="images/gg2.jpg" width="200" height="232" alt="三星 Galaxy Note10+" /></td>
      <td><img src="images/gg3.jpg" width="200" height="232" alt="Apple iPhone 11 (A2223)" /></td>
      <td><img src="images/gg4.jpg" width="200" height="232" alt="小米 CC9 Pro " /></td>
      <td><img src="images/gg5.jpg" width="200" height="232" alt=" Redmi K30" /></td>
    </tr>
    <tr>
      <td>华为 P30</td>
      <td>三星 Galaxy Note10+</td>
      <td>Apple iPhone 11 (A2223) </td>
      <td>小米 CC9 Pro</td>
      <td>Redmi K30</td>
    </tr>
    <tr>
      <td><span class="font16">￥3600.00</span></td>
      <td><span class="font16">￥7999.00</span></td>
      <td><span class="font16">￥5999.00</span></td>
      <td><span class="font16">￥2799.00</span></td>
      <td><span class="font16">￥2299.00</span></td>
    </tr>
  </table>
  <a name="fr1" id="fr1"></a>
  <h2>第一章  山边小村</h2>
  <p>    二愣子睁大着双眼，直直望着茅草和烂泥糊成的黑屋顶，身上盖着的旧棉被已呈深黄色，已看不出它的本来面目，还若有若无地散发着淡淡的霉味。在他身边紧挨着的另一人，是二哥韩铸，酣睡得十分香甜，从他身上不时传来轻
  …………（下面代码略）………
```

实战 制作网上教程

制作网上教程页面的最终效果如图 5-39 所示。

第 5 章　超链接

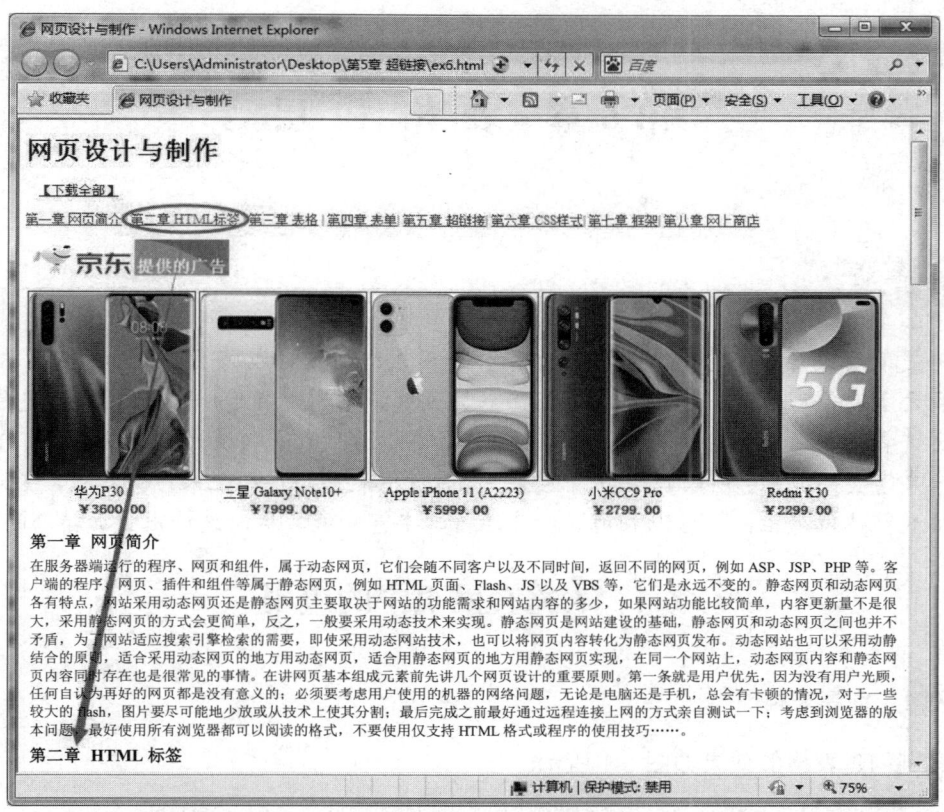

图 5-39　网上教程页面效果

本 章 小 结

本章主要介绍了超链接语法结构：
<a href="链接地址"　target="目标窗口位置"> 文本或图像</a>

以如下一段代码为例：
<body>
<a href="https://www.baidu.com/"　target="_blank">百度</a>
</body>

- "<a>…</a>" 为超链接标记。
- href 表示链接地址的路径。
- target 指定链接在哪个窗口打开，常用的取值有_self（自身窗口）和_blank（新建窗口）。

本章案例实现了文本超链接、图片超链接、电子邮件超链接、下载文件超链接、锚链接等超链接的基本编辑方法。

第 6 章 表格和层

本章导读

表格是网页设计中不可缺少的重要元素。利用表格排版可以将页面中的文字、图片、动画等众多元素有条理地统一组织起来,让整个页面更加规范。层是一种新的 CSS 定位技术,它具备了许多表格所不具备的特点,如可以重叠、移动方便、可以设为隐藏以及还可以添加许多行为来丰富页面效果。所以在很多情况下,同时使用表格与层搭配来进行排版,这样既可以使用表格的整体规范性,又可以利用层的灵活性与丰富功能,从而设计出更加精彩的页面。

6.1 表格在网页中的应用

案例 1 创建表格

本案例创建表格的效果如图 6-1 所示。

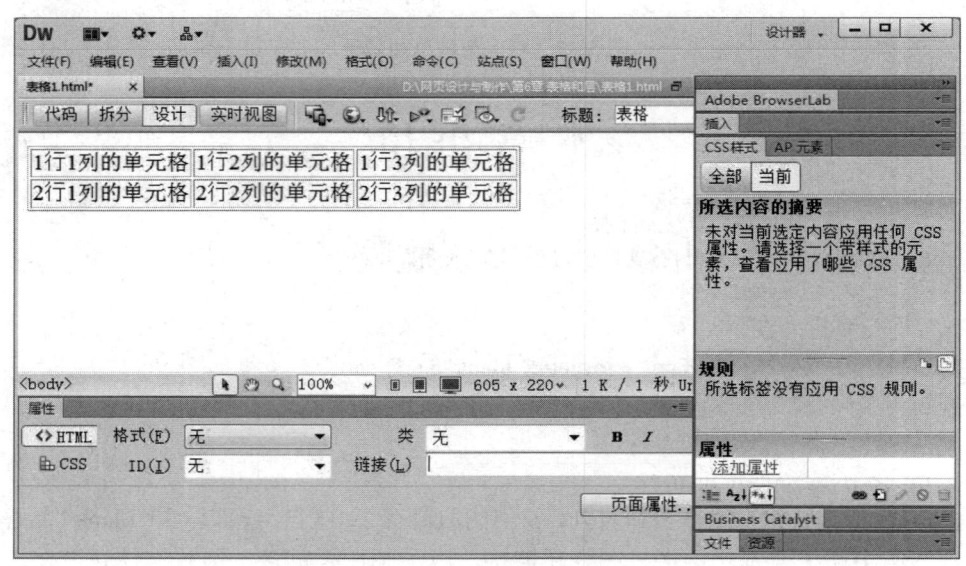

图 6-1 表格效果

【制作关键】

表格是网页中文字的重要组织形式,用表格组织的文字看起来更加工整。选择"插入"→"表格"命令,在弹出的对话框中以"像素"为单位设置"表格宽度"(即表格整体宽度),并确定表格是否有标题。

【Web前端开发（1+X）技能点提示】

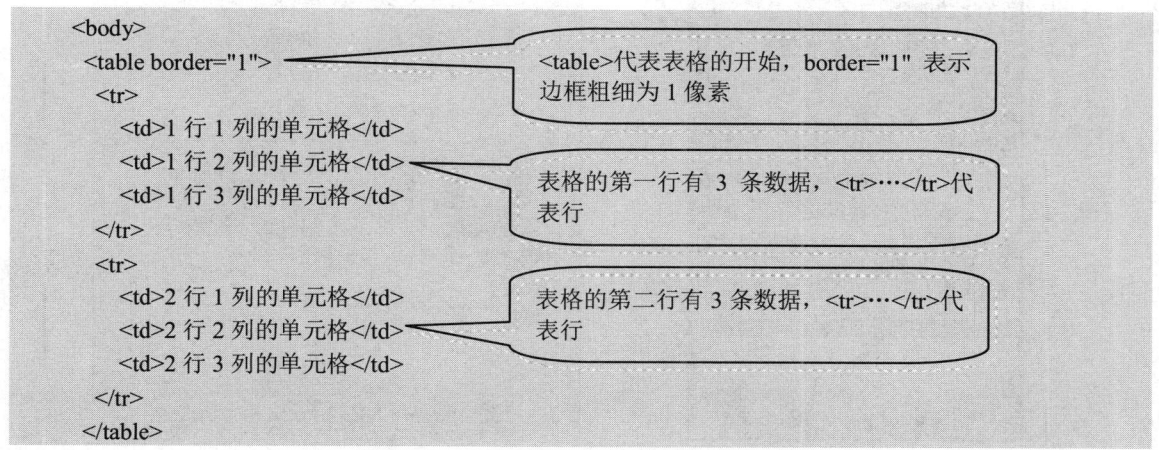

【制作过程】

（1）在菜单中选择"站点"→"新建站点"命令，在弹出的对话框中设置站点名称为"表格与层"，本地站点文件夹选择已存在的名字为"表格和层"的文件夹，如图6-2所示。

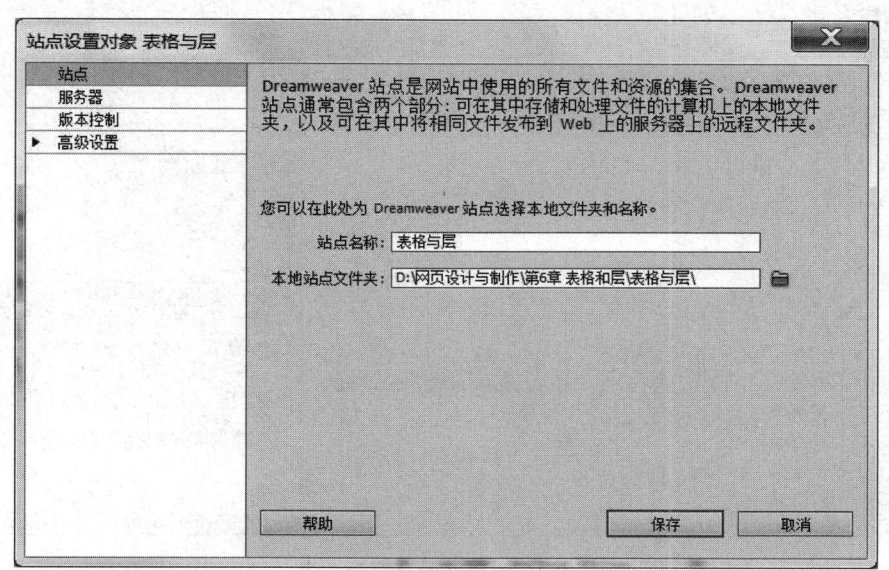

图6-2 新建站点

（2）在主界面右侧的"本地文件"面板上找到刚刚新建的站点，右击选择"新建文件"命令，将文件名字重命名为"表格1.html"，如图6-3所示。

（3）打开文件"表格1.html"，选择"插入"→"表格"命令，在弹出的对话框中设置表格属性，具体参数如图6-4所示。

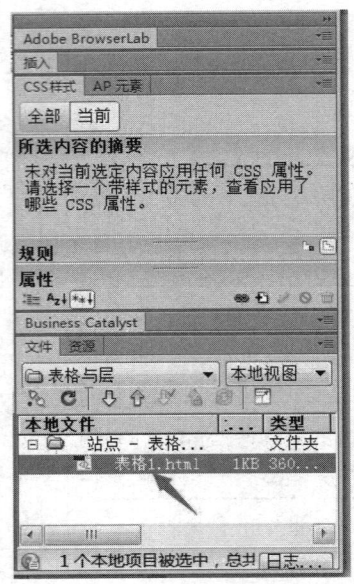
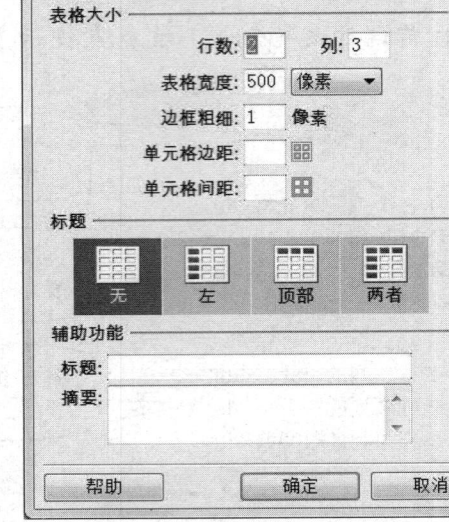

图 6-3 新建并重命名网页文件　　　　图 6-4 设置表格属性

(4) 选择"设计"模式，在每个单元格内填写文本，如图 6-5 所示。

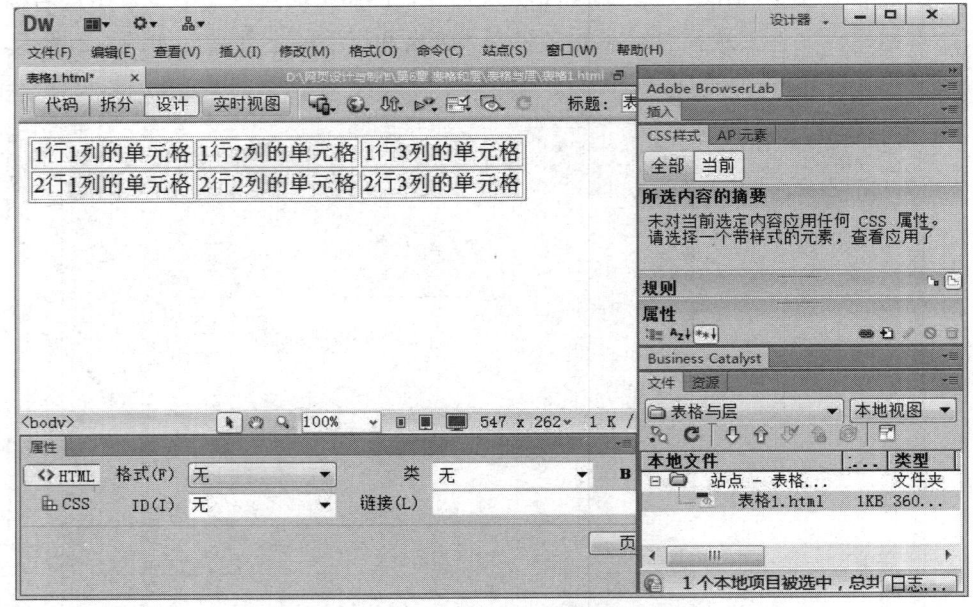

图 6-5 在单元格内编辑文本

【技能拓展】

表格 1.html 文件源代码如下：
```
<html>
  <head>
```

```
    <meta charset="utf-8">
    <title>表格</title>
</head>
<body>
<table border="1">
    <tr>
        <td>1 行 1 列的单元格</td>
        <td>1 行 2 列的单元格</td>
        <td>1 行 3 列的单元格</td>
    </tr>
    <tr>
        <td>2 行 1 列的单元格</td>
        <td>2 行 2 列的单元格</td>
        <td>2 行 3 列的单元格</td>
    </tr>
</table>
</body>
</html>
```

注意：默认情况下表格的边框粗细（border 属性）为 0，也就是说在默认情况下我们是看不到表格的边框的。在此例中，我们通过设置表格的边框属性（border="1"）来改变边框的宽度。

案例 2　跨行、跨列的表格

本案例创建的跨行、跨列表格效果如图 6-6 所示。

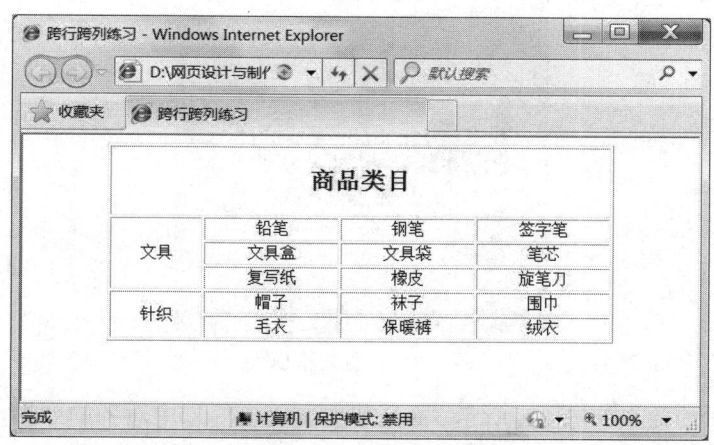

图 6-6　跨行、跨列表格效果

【制作关键】

网页中的表格需要根据内容变换形式。规则的表格有时不能适应内容的需求，所以需要对表格进行拆分或者合并，以达到满意的效果。

【Web 前端开发（1+X）技能点提示】

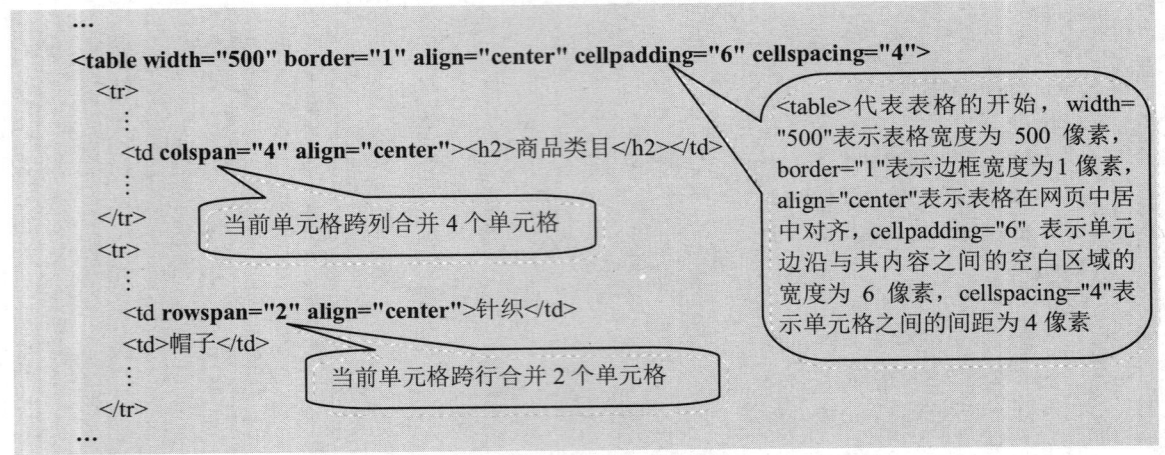

【制作过程】

（1）在"文件"面板下找到已有的"表格和层"站点，右击选择"新建文件"命令，然后将文件名字重命名为"跨行跨列表格.html"。

（2）打开文件"跨行跨列表格.html"，选择"插入"→"表格"命令，在弹出的对话框中设置表格属性，具体参数如图 6-7 所示。

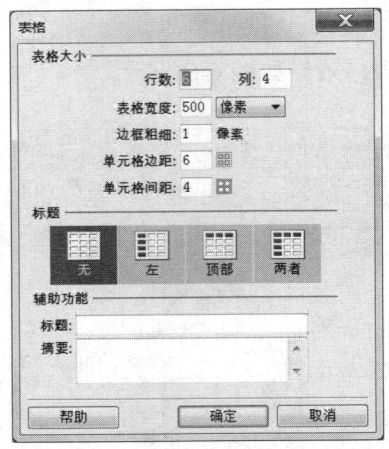

图 6-7 设置表格属性

添加表格之后的效果如图 6-8 所示。如果想要实现表格居中对齐的效果，还需要在设计窗口选中表格，然后在"属性"面板中的"对齐"项里选择"居中对齐"。并且，表格的其他参数也可以通过"属性"面板完成设置。

（3）选中第一行的单元格，右击后选择"表格"→"合并单元格"命令，如图 6-9 所示，便将第一行的单元格合并成一个单元格。

（4）从第二行起，选择第一列的相邻的三个单元格，然后进行单元格合并，如图 6-10 所示。使用同样的操作，再将第一列的最后两个单元格合并在一起。

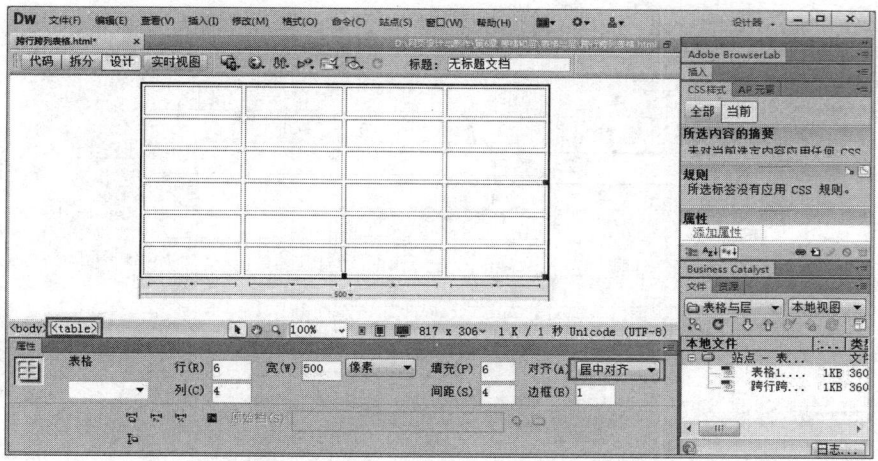

图 6-8　在"属性"面板中设置表格属性

图 6-9　单元格跨列合并

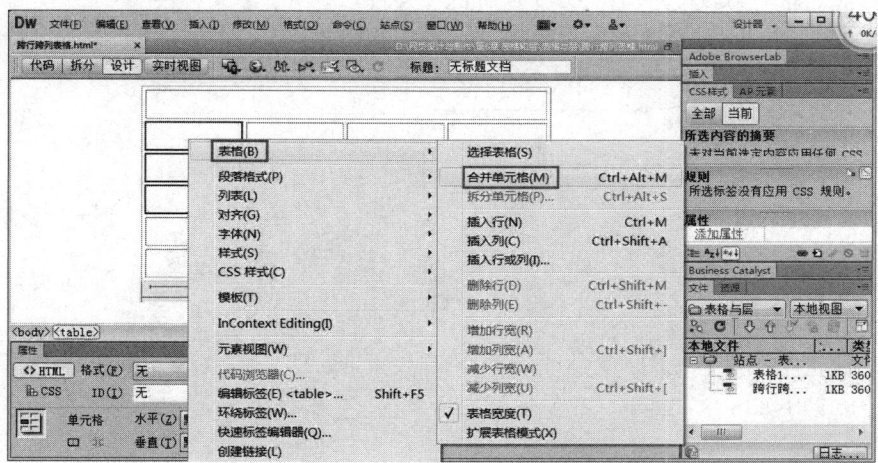

图 6-10　单元格跨行合并

（5）在单元格内编辑文本，如图6-11所示。合并之后的单元格内的文本设置为"水平居中"。

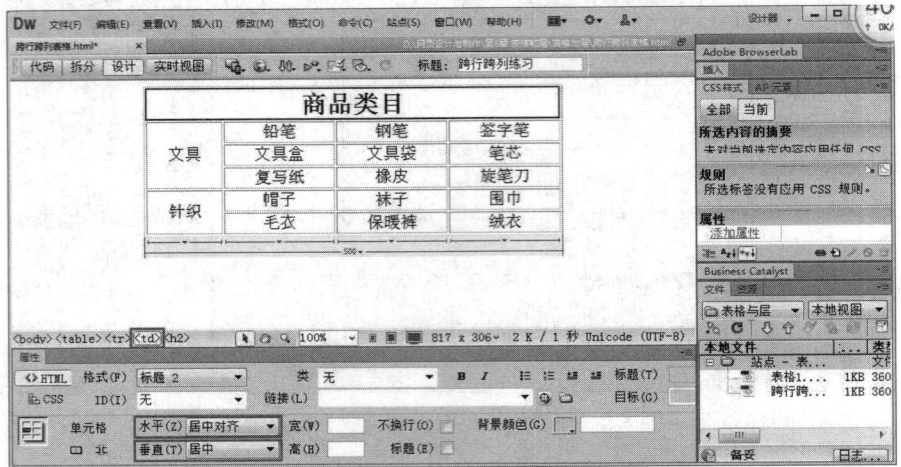

图6-11 编辑表格文本

【技能拓展】

跨行跨列表格.html文件源代码如下：

```html
<html>
  <head>
    <meta charset="utf-8">
      <title>跨行跨列练习</title>
  </head>
  <body>
    <table width="500" border="1" align="center" >
<tr>
  <td colspan="4" align="center"><h2>商品类目</h2></td>
</tr>
<tr>
  <td rowspan="3" align="center">文具</td>
  <td>铅笔</td>
  <td>钢笔</td>
  <td>签字笔</td>
</tr>
<tr>
  <td>文具盒</td>
  <td>文具袋</td>
  <td>笔芯</td>
</tr>
<tr>
  <td>复写纸</td>
  <td>橡皮</td>
  <td>旋笔刀</td>
</tr>
<tr>
```

（合并3行，文字居中）

```
            <td rowspan="2" align="center">针织</td>
            <td>帽子</td>
            <td>袜子</td>
            <td>围巾</td>
        </tr>
        <tr>
            <td>毛衣</td>
            <td>保暖裤</td>
            <td>绒衣</td>
        </tr>
    </table>
</body>
</html>
```

案例 3　制作表格图文混排——商品展示栏页面

本案例制作出的商品展示栏页面效果如图 6-12 所示。

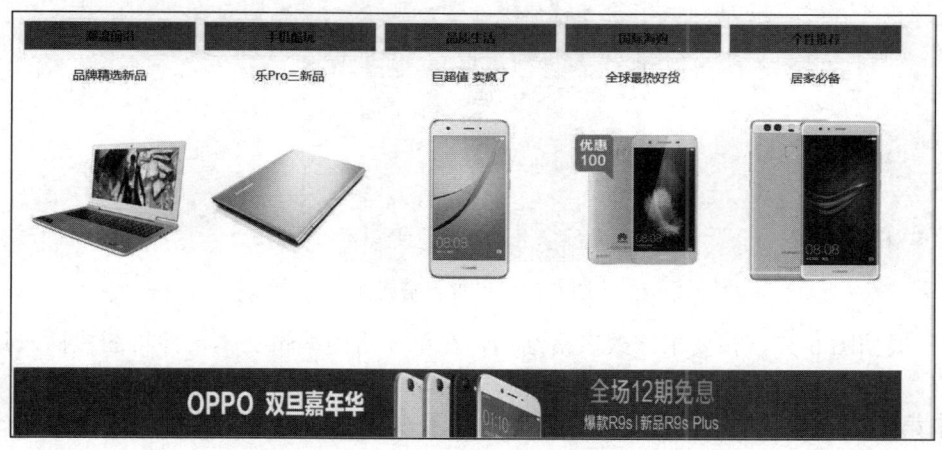

图 6-12　表格图文混排效果

【制作关键】

表格布局是网站布局中比较常用的一种形式，使用表格可以有效地组织网页中的各种元素，如文本、图片等。

【Web 前端开发（1+X）技能点提示】

```
<table width="800" height="476" cellspacing="12"    align="center">
    <tr>
        ⋮
        <th height="36" bgcolor="#FF0000" >个性推荐</th>
    </tr>
        ⋮
    <tr>
        ⋮
```

th 为表头单元格，包含表头信息。th 元素内部的文本通常会呈现为居中的粗体文本，而 td 元素内的文本通常是左对齐的普通文本。bgcolor="#FF0000"即设置背景颜色为红色

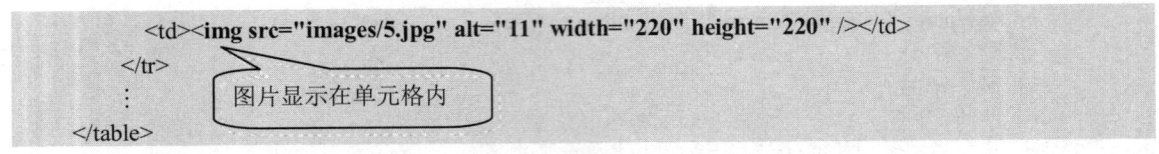

【制作过程】

(1)在"本地文件"面板下找到已有的"表格和层"站点,右击选择"新建文件"命令,并将文件重命名为"图文混排.html"。

(2)打开文件"图文混排.html",选择"插入"→"表格"命令,在弹出的对话框中设置表格属性,具体参数如图 6-13 所示。

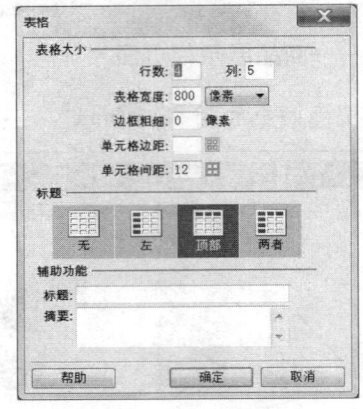

图 6-13　设置表格属性

(3)根据图 6-12,按要求修改表格结构,在单元格内编辑文本,并将图片插入到指定的单元格内。

选中第一行的单元格,设置单元格属性,如图 6-14 所示。

图 6-14　设置单元格属性

【技能拓展】

图文混排.html 文件源代码如下：

```html
<html>
<head>
<title>图文混排</title>
</head>
<body>
<table width="800" height="476" cellspacing="12" align="center">
    <tr>
       <th height="50" bgcolor="#FF0000" >潮流前沿</th>
       <th height="50" bgcolor="#FF0000" >手机酷玩</th>
       <th height="50" bgcolor="#FF0000" >品质生活</th>
       <th height="50" bgcolor="#FF0000" >国际海购</th>
       <th height="50" bgcolor="#FF0000" >个性推荐</th>
    </tr>
    <tr>
       <td align="center">品牌精选新品</td>
       <td align="center">乐 Pro 三新品</td>
       <td align="center">巨超值 卖疯了</td>
       <td align="center">全球最热好货</td>
       <td align="center">居家必备</td>
    </tr>
    <tr>
       <td><img src="images/1.jpg" alt="1" width="220" height="220"/></td>
       <td><img src="images/2.jpg" alt="1" width="220" height="220"/></td>
       <td><img src="images/3.jpg" alt="1" width="220" height="220"/></td>
       <td><img src="images/4.jpg" alt="1" width="200" height="200"/></td>
       <td><img src="images/5.jpg" alt="1" width="220" height="220"/></td>
    </tr>
    <tr>
       <td colspan="5"><img src="images/6.jpg" alt="" width="1152" height="90" /></td>
    </tr>
</table>
</body>
</html>
```

实战 1　制作学生成绩表

制作出的学生成绩表效果如图 6-15 所示。

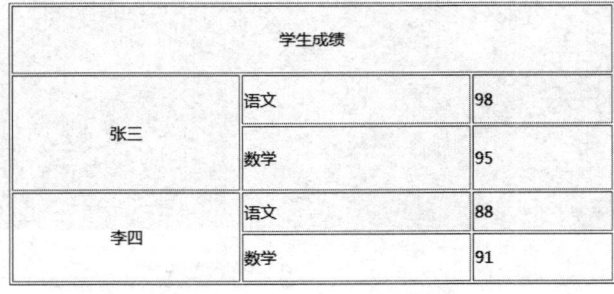

图 6-15　学生成绩表效果

实战 2　进行简单的图文混排

根据提供的素材，制作出如图 6-16 所示的页面。

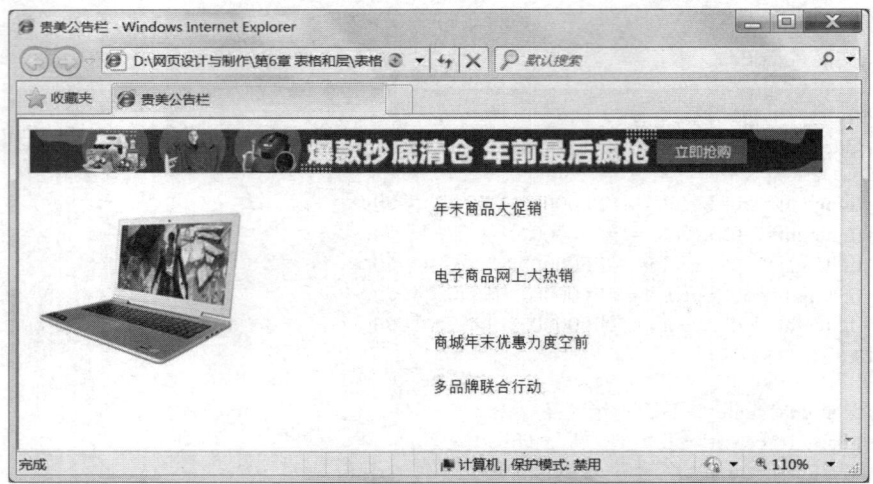

图 6-16　简单的图文混排

6.2　层　布　局

案例 1　简单的层布局

本案例制作出的简单的层布局效果，如图 6-17 所示。

图 6-17　简单的层布局效果

第6章 表格和层

【制作关键】

表格布局的代码比较复杂，所以难以维护，而使用 CSS+DIV 来进行布局，内容和样式可以分离，代码干净整洁、可读性好、便于维护，并且样式代码可以复用，提高了开发效率，另外，分离后美工和网站开发人员可以协同合作，进一步提高了开发效率和网站的整体质量。

【Web 前端开发（1+X）技能点提示】

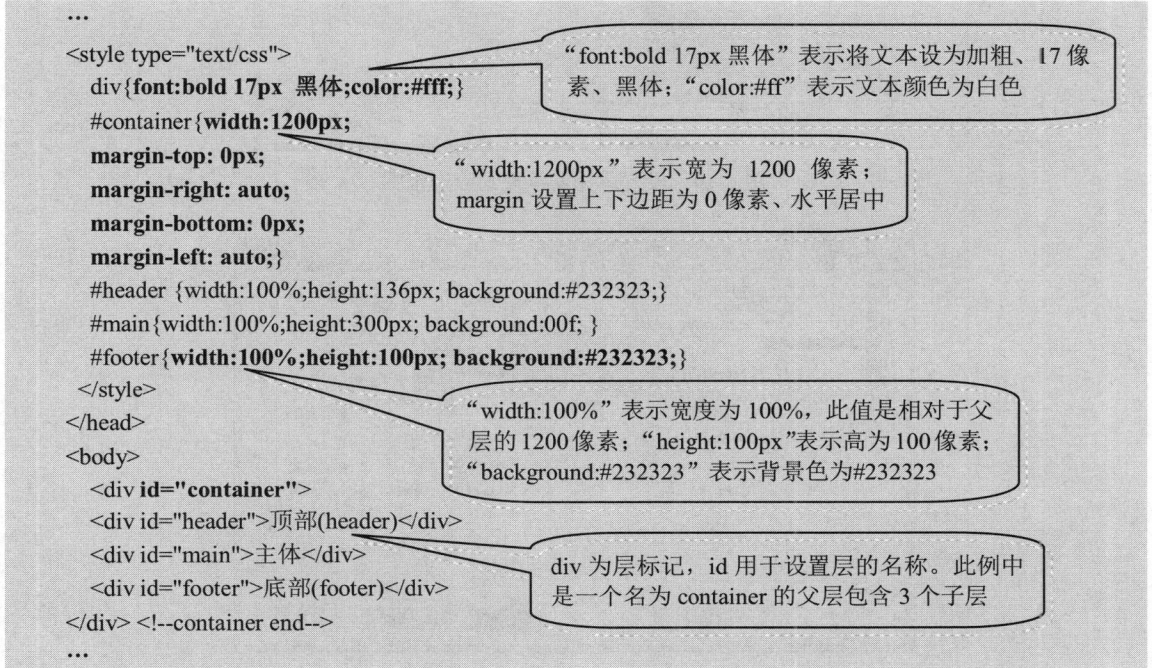

```
...
<style type="text/css">
    div{font:bold 17px 黑体;color:#fff;}
    #container{width:1200px;
    margin-top: 0px;
    margin-right: auto;
    margin-bottom: 0px;
    margin-left: auto;}
    #header {width:100%;height:136px; background:#232323;}
    #main{width:100%;height:300px; background:00f; }
    #footer{width:100%;height:100px; background:#232323;}
</style>
</head>
<body>
    <div id="container">
        <div id="header">顶部(header)</div>
        <div id="main">主体</div>
        <div id="footer">底部(footer)</div>
    </div> <!--container end-->
...
```

注释：
- "font:bold 17px 黑体"表示将文本设为加粗、17像素、黑体；"color:#ff"表示文本颜色为白色
- "width:1200px"表示宽为 1200 像素；margin 设置上下边距为 0 像素、水平居中
- "width:100%"表示宽度为 100%，此值是相对于父层的 1200 像素；"height:100px"表示高为 100 像素；"background:#232323"表示背景色为#232323
- div 为层标记，id 用于设置层的名称。此例中是一个名为 container 的父层包含 3 个子层

【制作过程】

(1) 在"本地文件"面板下找到已有的"表格和层"站点，右击选择"新建文件"命令，将文件重命名为"层布局.html"。

(2) 打开文件"层布局.html"，选择"插入"→"布局对象"→"Div 标签"命令，在弹出的"插入 Div 标签"对话框中设置属性，如图 6-18 所示，添加一个 ID 为 container 的层。

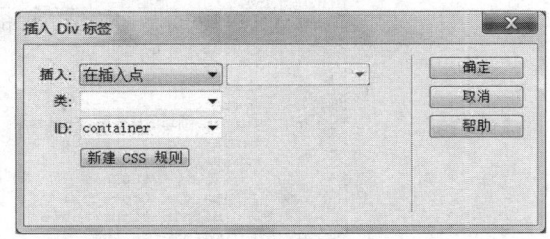

图 6-18　插入层 container

(3) 在"插入 Div 标签"中，单击"新建 CSS 规则"按钮，为层 container 设置 CSS 样式，使用 ID 选择器，并且只应用于当前文档，如图 6-19 所示。

(4) 设置层 container 的样式，如图 6-20 所示。

(5) 单击"拆分"按钮，在代码窗口中，将光标放置在层 container 的代码内合适的位置，如图 6-21 所示，然后按照上述方法添加子层 header，如图 6-22 所示。

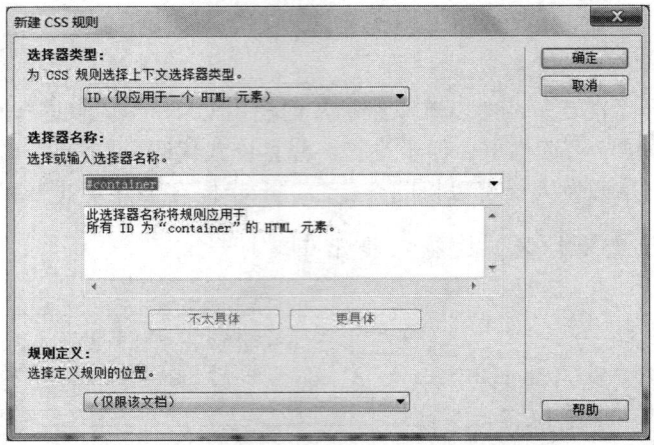

图 6-19 设置选择器及规则应用范围

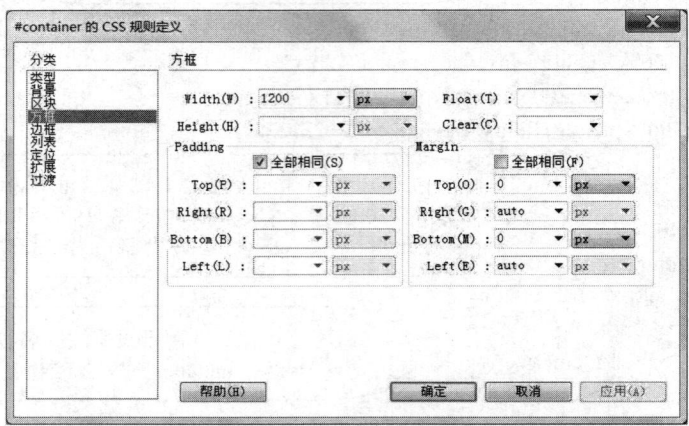

图 6-20 设置层 container 的 CSS 规则

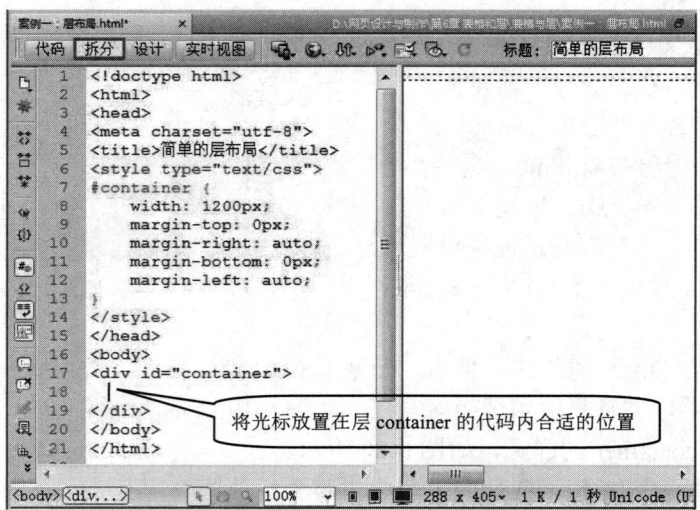

图 6-21 光标定位

第 6 章 表格和层 99

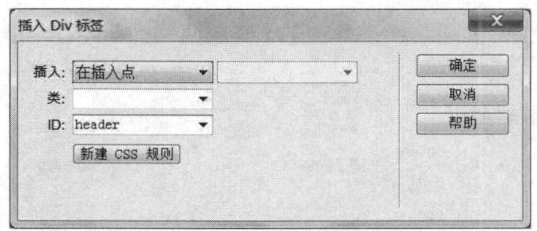

图 6-22 插入层 header

（6）为层 header 设置 CSS 样式，如图 6-23 和图 6-24 所示。

图 6-23 层 header 的 CSS 规则 1

图 6-24 层 header 的 CSS 规则 2

单击"拆分"按钮，在代码窗口中，将光标放置在层 container 的代码内、层 header 的代码后面，如图 6-25 所示，然后按照上述的方法添加子层 main，为其设置 CSS 样式，如图 6-26、图 6-27 和图 6-28 所示。

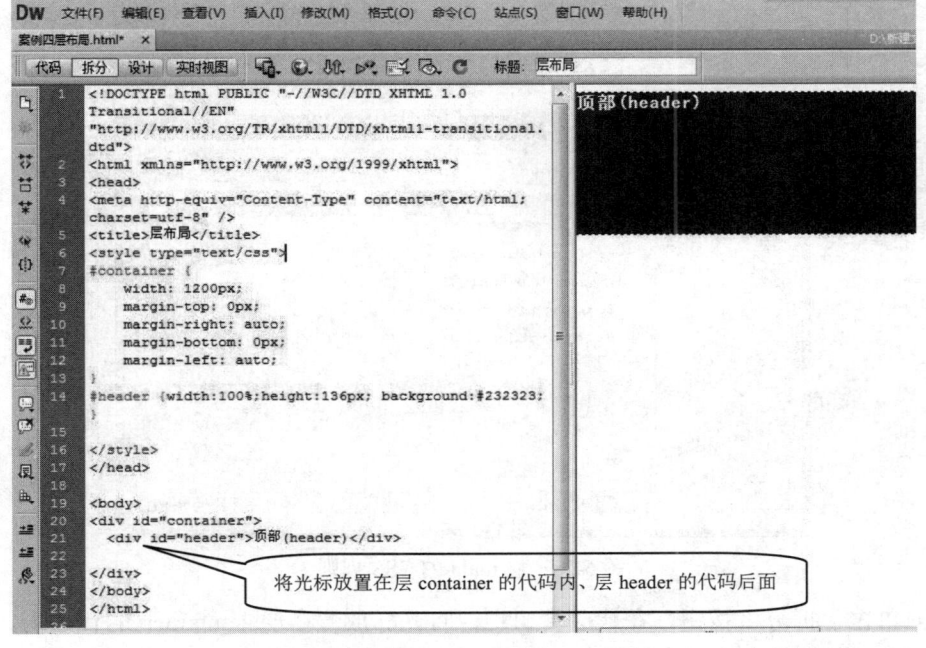

图 6-25 光标定位

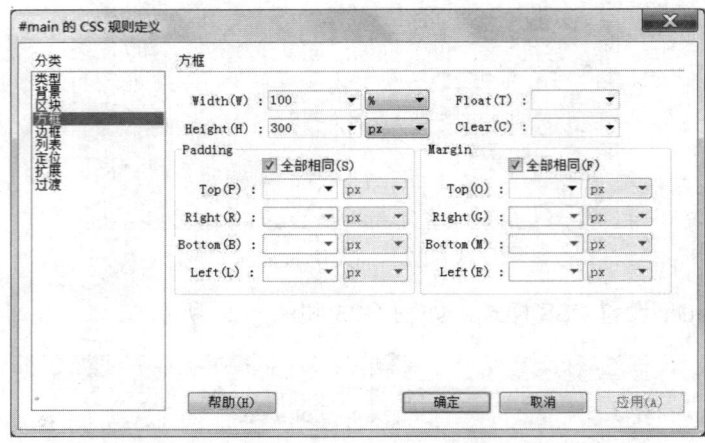

图 6-26　层 main 的 CSS 规则 1

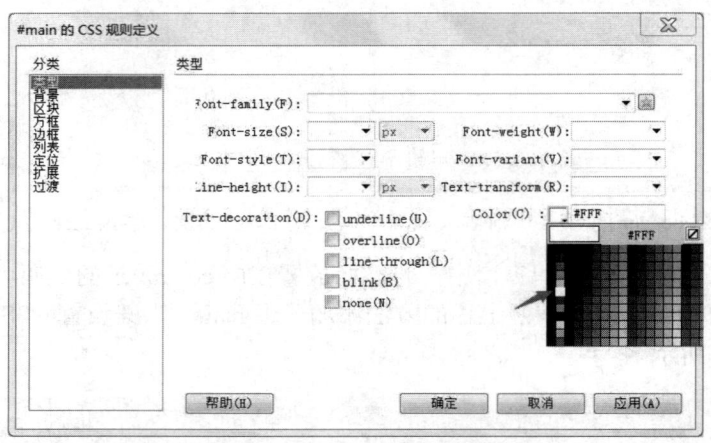

图 6-27　层 main 的 CSS 规则 2

图 6-28　层 main 的 CSS 规则 3

（7）单击"拆分"按钮，在代码窗口中，将光标放置在层 container 的代码内、层 main 的代码之后，如图 6-29 所示，然后按照上述的方法添加子层 footer，为其设置 CSS 样式，如

图 6-30 和图 6-31 所示。

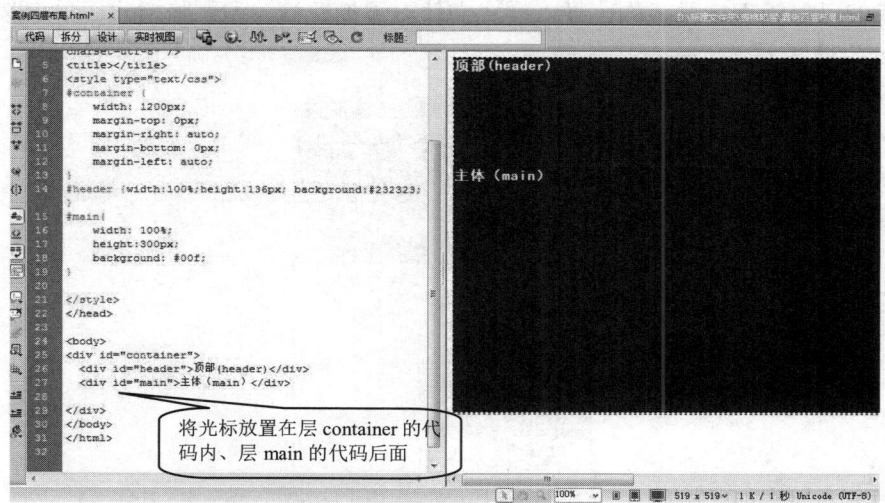

图 6-29 光标位置

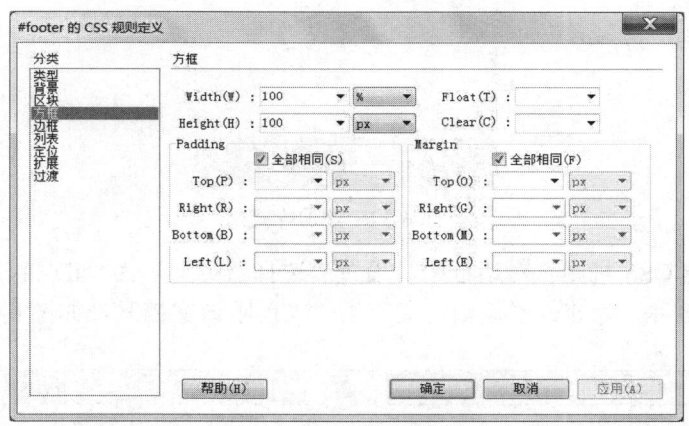

图 6-30 层 footer 的 CSS 规则 1

图 6-31 层 footer 的 CSS 规则 2

(8)展开右侧的"CSS 样式"面板,在"所有规则"中可以看见刚刚添加的样式。在这个面板中我们可以管理样式,如,导入样式文件,添加、修改和删除样式。单击按钮 添加样式,如图 6-32 所示。

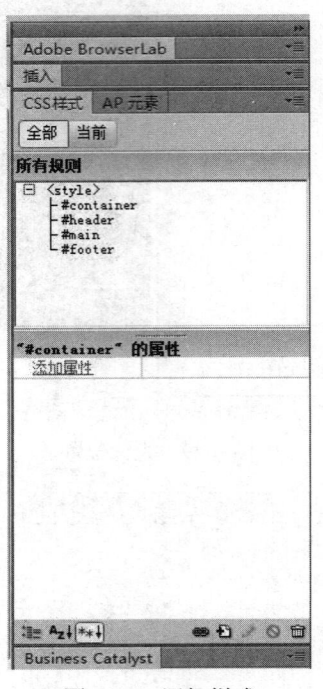

图 6-32 添加样式

(9)在"新建 CSS 规则"对话框中,设置"选择器类型"为"ID(仅应用于一个 HTML 元素)","选择器名称"为 div,"规则定义"为"(仅限该文档)",如图 6-33 所示。

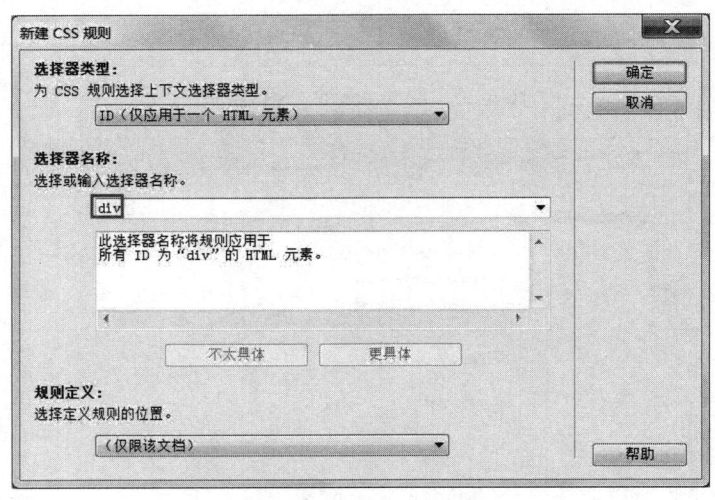

图 6-33 CSS 规则设置

(10)为 div 设置 CSS 样式,如图 6-34 所示。

图 6-34 设置 div 的 CSS 样式

【技能拓展】

层布局.html 文件源代码如下：

```
<html>
<head>
<meta charset="utf-8">
<title>简单的层布局</title>
<style type="text/css">
div{font:bold 17px 黑体;color:#fff;}
#container {
    width: 1200px;
    margin-top: 0px;
    margin-right: auto;
    margin-bottom: 0px;
    margin-left: auto;
}
#header {width:100%;height:136px; background:#232323;}
#main{
    width: 100%;
    height:300px;
    background: #00f;
}
#footer{width:100%;height:100px; background:#232323;}
</style>
</head>
<body>
<div id="container">
   <div id="header">顶部(header)</div>
   <div id="main">主体（main）</div>
   <div id="footer">底部(footer)</div>
```

（CSS 样式）

```
        </div>
    </body>
</html>
```

案例 2　使用混合布局实现家装网站

本案例制作出的混合布局效果如图 6-35 所示。

图 6-35　混合布局效果

【制作关键】

网页布局是网页设计中比较重要的部分，目前比较流行的布局模式是 DIV+CSS，本案例中主要采用的布局技术是"DIV＋TABLE＋CSS"混合布局模式。

【Web 前端开发（1+X）技能点提示】

```
...
    <div id="main">
    <p>首页>热销商品</p>                    层里包含表格
    <table width="800" height="476" cellspacing="12" align="center" >
      <tr >
        <th height="50" bgcolor="#990000" >潮流前沿</th>
        <th height="50" bgcolor="#990000" >手机酷玩</th>
        <th height="50" bgcolor="#990000" >品质生活</th>
        <th height="50" bgcolor="#990000" >国际海购</th>
        <th height="50" bgcolor="#990000" >个性推荐</th>
      </tr>
        ：
</table></div>
…………（下面代码略）………
```

【制作过程】

（1）在"本地文件"面板下找到已有的"表格和层"站点，打开文件"案例4层布局.html"。

（2）将光标定位在层header中，按照图6-35所示在images文件夹中找到所需的图片，将其插入到层header中，并继续按照图6-35所示实现文本显示，如图6-36所示。

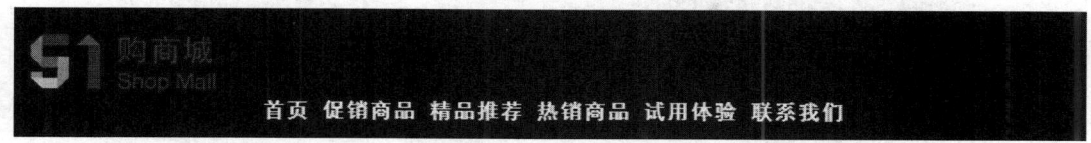

图6-36　层header内容编辑

（3）为了适应新的布局，需要修改部分#header的样式，其余没有变化的可保持不变，此处不再列出。在"CSS样式"面板中选择要修改的#header，然后单击按钮 ✎ 按钮进入修改页面，如图6-37所示。所要修改的样式属性如图6-38所示。

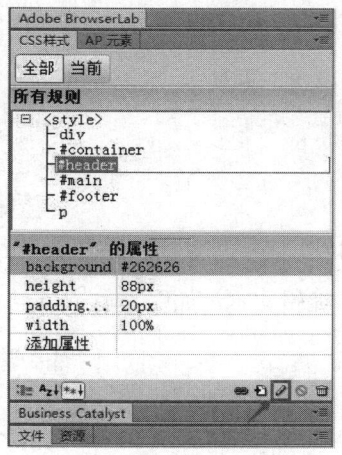

图6-37　修改#header样式

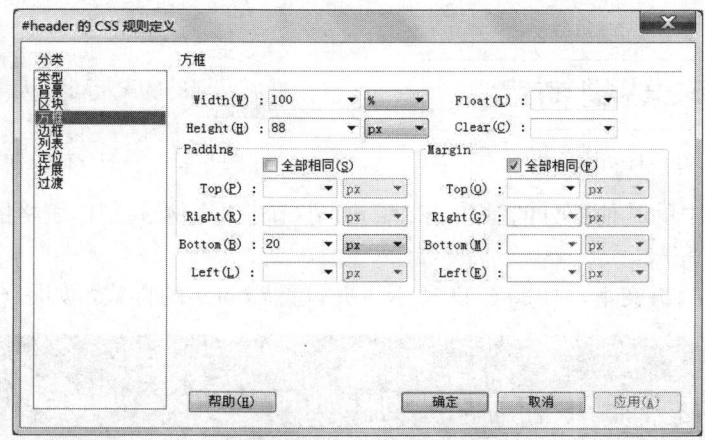

图6-38　#header的样式

（4）根据布局需要，修改#main 的样式。在"CSS 样式"面板中找到"所有规则"，选中"#main"，当下面显示"#main"的属性时，选中要删除的属性后右击，选择"删除"命令，通过此操作完成样式的删除，如图 6-39 所示。再进行其他操作，直到#main 样式属性如图 6-40 所示。

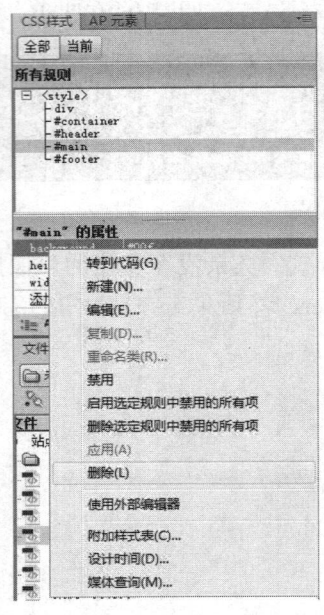

图 6-39 #main 样式规则编辑

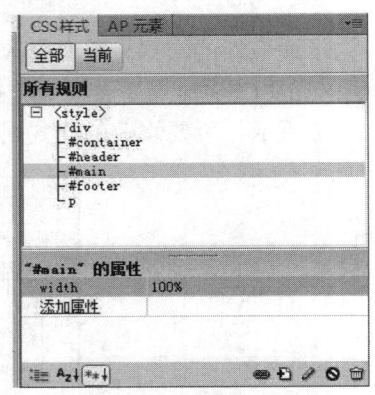

图 6-40 #main 样式规则

（5）在层 main 中添加段落、编辑文本，如图 6-41 所示；添加 p 标签样式，如图 6-42 所示。

首页>热销商品

图 6-41 段落设置

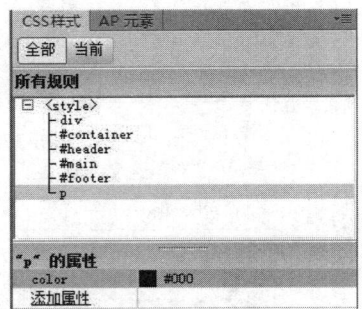

图 6-42 添加 p 标签样式

（6）层 main 中的其他部分的制作，参照 6.1 小节中"案例 3 制作表格图文混排——商品展示栏页面"操作完成。

在层 footer 中编辑文本，如图 6-43 所示，并设置#footer 的样式，如图 6-44 所示。

关于我们｜联系我们｜友情链接｜帮助中心｜意见反馈｜高薪聘请｜法律声明

图 6-43 编辑文本

第 6 章 表格和层

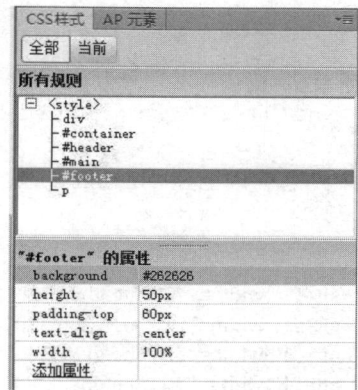

图 6-44 设置#footer 的样式

【技能拓展】

案例 4 层布局.html 文件源代码如下：

```html
<html>
<head>
<meta charset="utf-8">
<title>混合布局</title>
<style type="text/css">
div{font:bold 17px 黑体;color:#fff;}
#container {
    width: 1200px;
    margin-top: 0px;
    margin-right: auto;
    margin-bottom: 0px;
    margin-left: auto;
}
#header {width:100%;height:88px; background:#262626; padding-bottom:20px;}
#main {width: 100%;}
#footer{width:100%;height:50px; background:#262626; text-align:center; padding-top:60px;}
p{ color:#000;}
</style>
</head>
<body>
<div id="container">
  <div id="header">
 <img src="images/logobig.png" width="200" height="90" />首页  促销商品   精品推荐  热销商品  试用体验  联系我们  </div>
    <div id="main">
     <p>首页>热销商品</p>
     <table width="800" height="476" cellspacing="12" align="center" >
      <tr >
        <th height="50" bgcolor="#990000" >潮流前沿</th>
        <th height="50" bgcolor="#990000" >手机酷玩</th>
        <th height="50" bgcolor="#990000" >品质生活</th>
        <th height="50" bgcolor="#990000" >国际海购</th>
        <th height="50" bgcolor="#990000" >个性推荐</th>
```

```html
        </tr>
        <tr>
            <td align="center">品牌精选新品</td>
            <td align="center">乐 Pro 三新品</td>
            <td align="center">巨超值  卖疯了</td>
            <td align="center">全球最热好货</td>
            <td align="center">居家必备</td>
        </tr>
        <tr>
            <td><img src="images/1.jpg" alt="1" width="220" height="220" /></td>
            <td><img src="images/2.jpg" alt="1" width="220" height="220" /></td>
            <td><img src="images/3.jpg" alt="1" width="220" height="220" /></td>
            <td><img src="images/4.jpg" alt="1" width="200" height="200" /></td>
            <td><img src="images/5.jpg" alt="1" width="220" height="220" /></td>
        </tr>
        <tr>
            <td colspan="5"><img src="images/6.jpg" alt="" width="1152" height="90" /></td>
        </tr>
</table></div>
    <div id="footer">
    关于我们| 联系我们|友情链接|帮助中心|意见反馈|高薪聘请|法律声明</div>
</div>
</body>
</html>
```

实战　混合布局

利用混合布局模式（DIV＋TABLE＋CSS）和网页素材，制作如图 6-45 所示的页面。

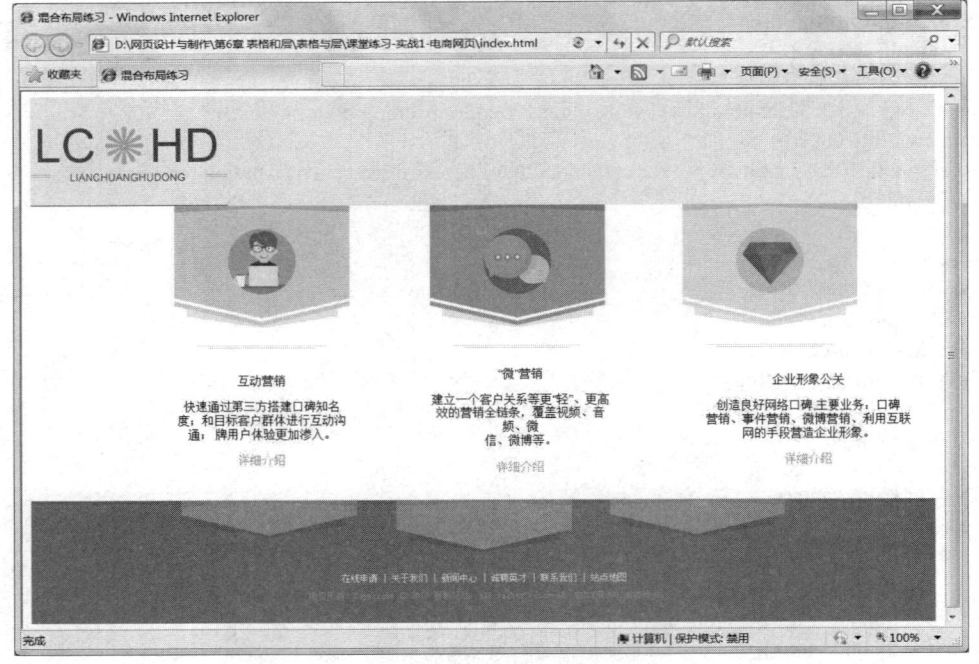

图 6-45　混合布局页面效果

本 章 小 结

本章介绍了 HTML 网页中的两个重要的元素：表格和层。内容主要包括表格的相关标记、层的相关标记，以及如何使用 CSS 控制表格和层实现布局与美化效果。表格在网页中有两种使用方式：一是使用表格显示数据；二是使用表格进行页面布局。

本章简述了表格和层布局的实现思路，最后利用表格和层混合布局模式制作了商品页面。

通过本章的学习，读者应该掌握表格和层的基本用法，了解表格在网页中的应用，且能够熟练地应用表格和层，并可借助 CSS 实现网页的布局和显示。

第 7 章 表　　单

随着网络的普及，越来越多的人在网上拥有了自己的个人网站。一般情况下，设计者除了想通过个人网站宣传自己，还希望收到浏览者的反馈信息。表单为网站设计者提供了一个通过网络接收用户数据的平台，如注册会员页面、网上订货页面、检索页面等，都是通过表单来收集用户信息。因此，表单是网站管理者与浏览者间沟通的桥梁。图 7-1 所示为表单登录页面。

图 7-1　表单登录页面

案例 1　用户注册网页

本案例注册网页的最终效果如图 7-2 所示。

【制作关键】

1. 表单

表单是一个容器，用来存放表单对象，并负责将表单对象的值提交给服务器端的某个程序进行处理，所以在添加文本域、按钮等表单对象之前要先插入表单。可以通过以下两种方法添加表单。

图 7-2 注册网页的最终效果

方法一：选择"插入"面板的"常用"选项卡中的"表单"命令，如图 7-3 所示。
方法二：选择菜单中"插入"→"表单"→"表单"命令，如图 7-4 所示。

图 7-3 插入表单方法一

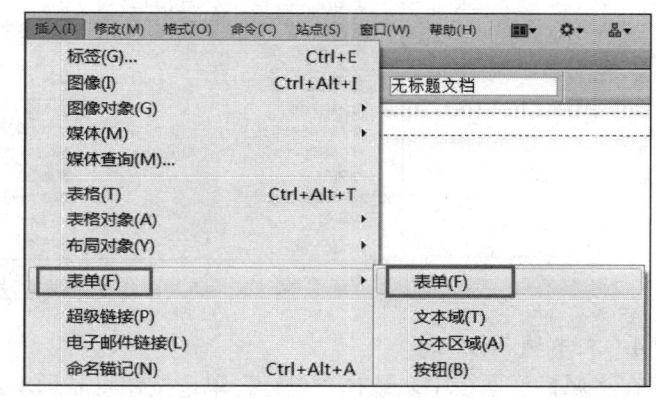

图 7-4 插入表单方法二

这里选择"插入"面板的"常用"选项卡中的"表单"命令来插入表单，并在表单中插入文本字段、文本区域和复选按钮以及设置相应的属性。

2．文本域的类型

通常使用表单的文本域来接收用户输入的信息。文本域包括单行文本域、多行文本域、密码文本域 3 种。一般情况下，当用户输入较少的信息时，使用单行文本域；当用户输入较多的信息时，使用多行文本域；当用户输入密码等保密信息时，使用密码文本域。

3．插入单行文本域

要在表单中插入单行文本域，可将光标置于表单内需要插入单行文本域的位置，然后使用以下两种方法。

方法一：单击"插入"面板中的"表单"选项卡中的"文本字段"按钮，可在文档窗口中添加单行文本域，如图 7-5 所示。

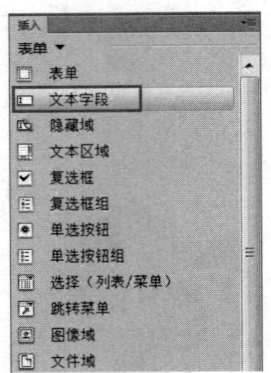

图 7-5　插入单行文本域方法一

方法二：选择菜单中"插入"→"表单"→"文本域"命令，如图 7-6 所示，将在文档窗口的表单中出现一个单行文本域。

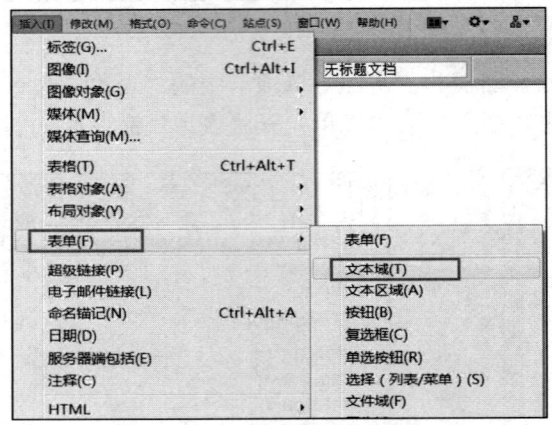

图 7-6　插入单行文本域方法二

4. 文本域属性

在"属性"面板中，选择"单行"单选按钮将显示单行文本域的属性，选择"多行"单选按钮将显示多行文本域的属性。用户可根据需要设置文本域的各项属性，如图 7-7 所示。

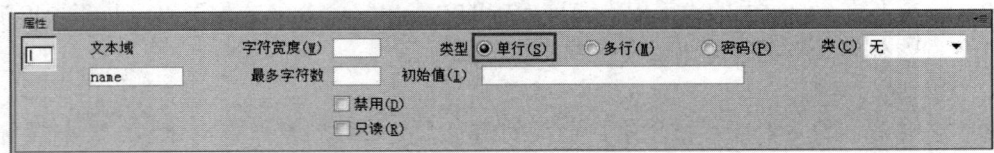

（a）设置单行文本域属性

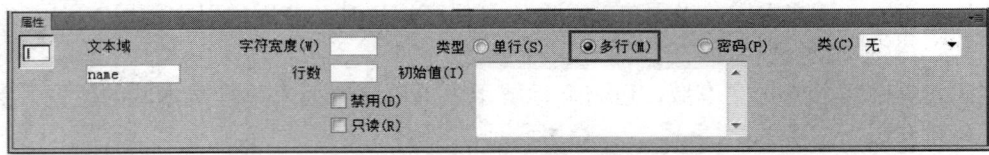

（b）设置多行文本域属性

图 7-7　设置单行、多行文本域属性

（1）"文本域"选项：用于设置该文本域的名称，各个文本域的名称不能相同，它相当于表单中的一个变量名，服务器通过这个变量名来处理用户在该文本域中输入的值。

（2）"字符宽度"选项：设置文本域中最多可显示的字符数。设置"字符宽度"选项后，若是多行文本域，标签中增加 cols 属性，否则标签中增加 size 属性。如果用户的输入的字符数超过字符宽度，则超出的字符将不被表单指定的处理程序接收。

（3）"最多字符数"选项：设置单行文本域、密码文本域□最多可输入的字符数。当设置"最多字符数"选项后，标签增加 maxlengh 属性。如果用户输入的字符数超过最大字符数，则系统会发出警告。

（4）"类型"选项组：设置文本域的类型，可在单行、多行或密码 3 个类型中任选 1 个。

1）"单行"选项：将产生一个<input>标签，它的 type 属性为 text，表示此文本域为单行文本域。

2）"多行"选项：将产生一个<textarea>标签，表示此文本域为多行文本域。

3）"密码"选项：将产生一个<input>标签，它的 type 属性为 password，表示此文本域为密码文本域，即在此文本域中接收的数据均以"*"显示，以对其进行保护。

（5）"行数"选项：设置文本域的高度，设置后标签中会增加 rows 属性。

（6）"初始值"选项：设置文本域的初始值，即在首次载入表单时文本域中显示的值。

（7）"类"选项：设置是否将 CSS 规则应用于文本域对象。

【Web 前端开发（1+X）技能点提示】

HTML 表单控件：

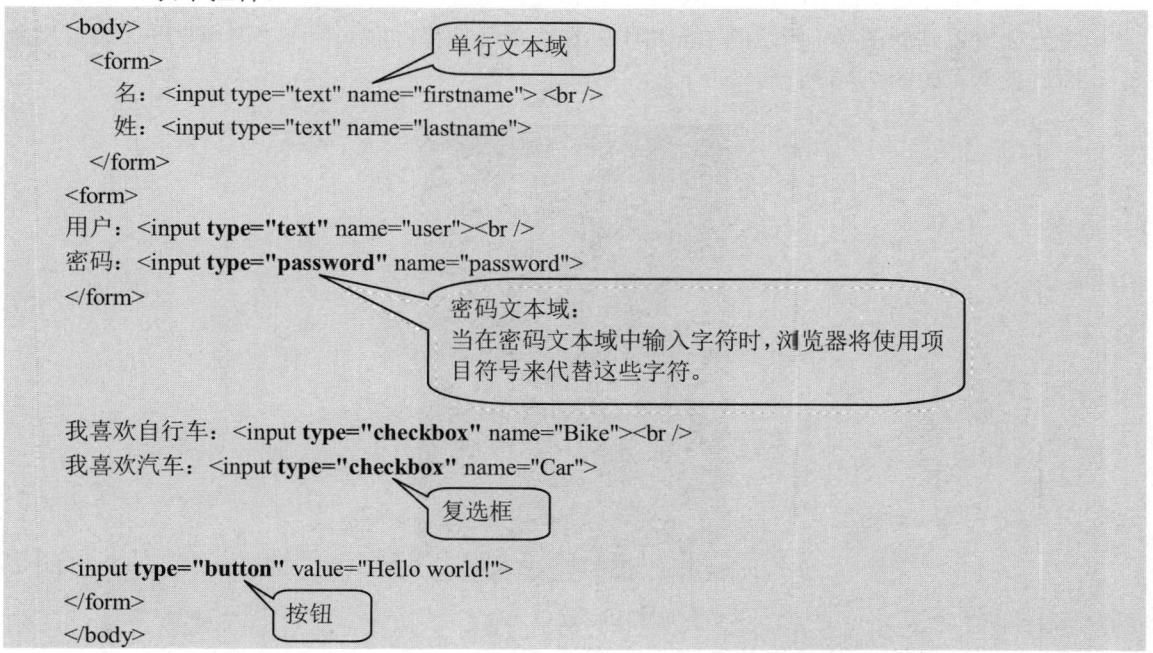

【制作过程】

（1）插入表单。在菜单中选择"文件"→"打开"命令，在弹出的"打开"对话框中选择"第 7 章 表单"→"项目素材"→"7.1-用户注册网页"→index.html 文件,然后单击"打开"按钮打开文件,如图 7-8 所示。

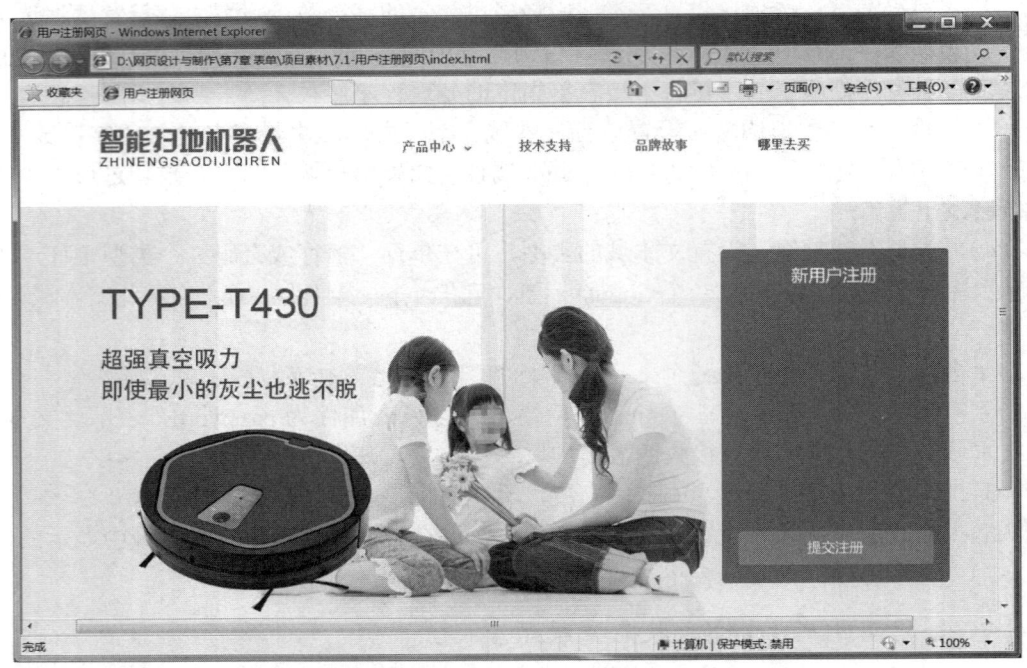

图 7-8 打开 index.html 文件

将光标放置到如图 7-9 所示的单元格中,在菜单中选择"插入"→"表单"→"表单"命令,插入表单,如图 7-10 所示。

图 7-9 定位光标

(2)插入表格。在菜单中选择"插入"→"常用"→"表格"命令,在弹出的"表格"对话框中进行相应的设置,如图 7-11 所示。设置完成后单击"确定"按钮,完成表格的插入,效果如图 7-12 所示。

第 7 章 表单

图 7-10 插入表单

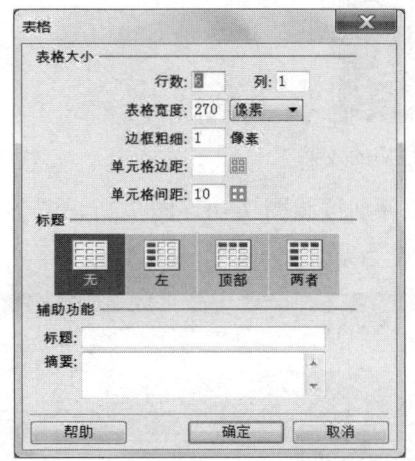

图 7-11 "表格"对话框

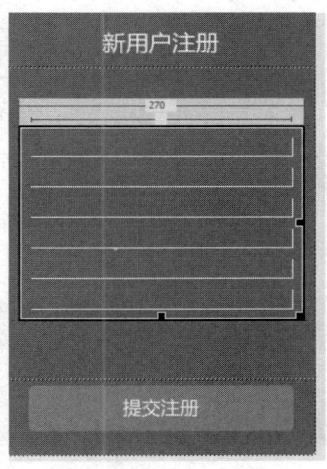

图 7-12 插入表格的效果

（3）插入文本框。将光标放置到第一行单元格中，单击"插入"面板中的"表单"选项卡中的 按钮，在单元格中插入文本域，如图 7-13 所示。

图 7-13 插入文本域

选中插入的文本域,在"属性"面板中进行属性设置,如图 7-14 所示。设置后的效果如图 7-15 所示。

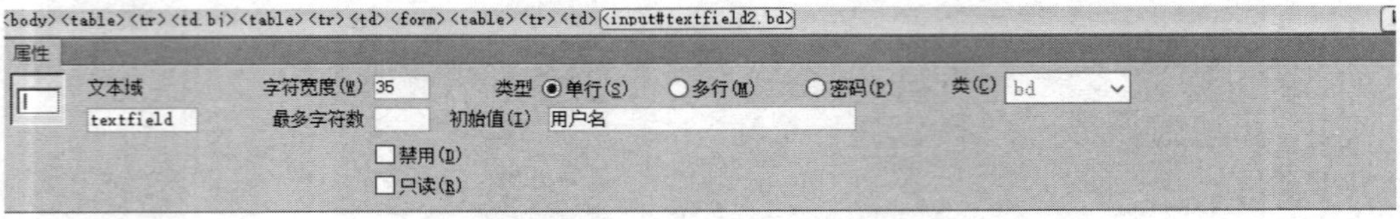

图 7-14 设置文本域的属性

图 7-15 设置文本域属性后的效果

用同样方法在第二、三、四行也插入文本域,并分别按照图 7-16、图 7-17、图 7-18 所示进行属性设置。

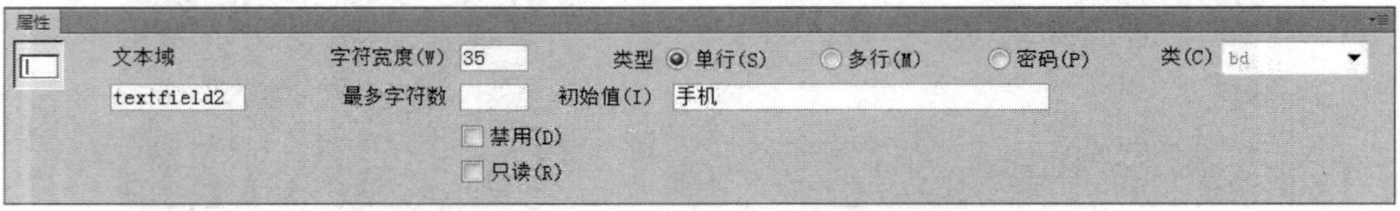

图 7-16 设置第二行属性

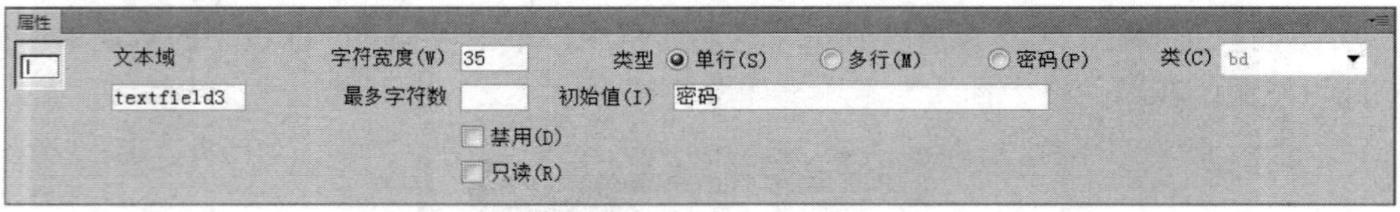

图 7-17 设置第三行属性

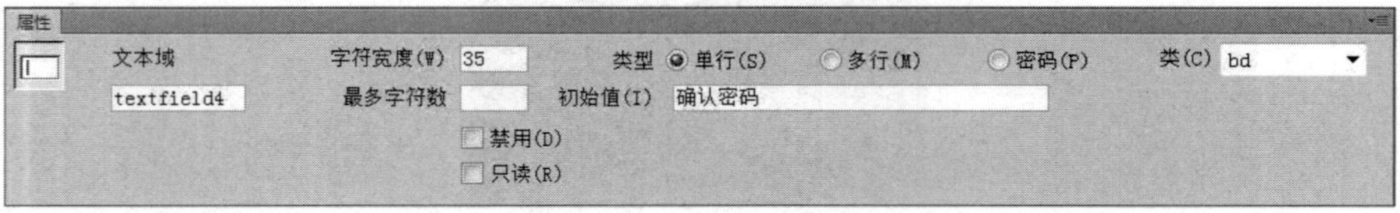

图 7-18 设置第四行属性

完成上述添加后的效果如图 7-19 所示。

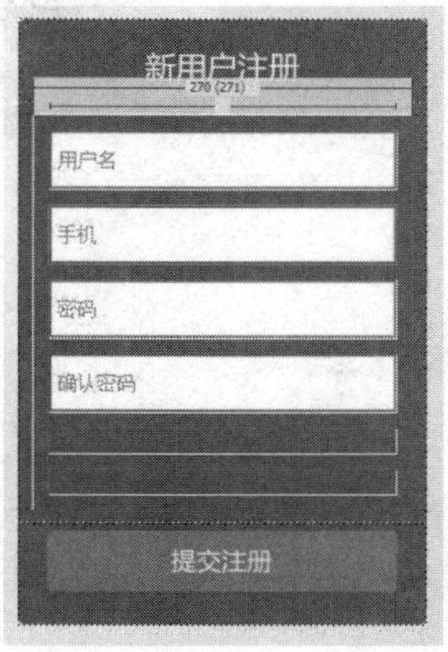

图 7-19　添加文本域后的效果

（4）选择第五行单元格，如图 7-20 所示，设置"垂直"属性为"居中"。

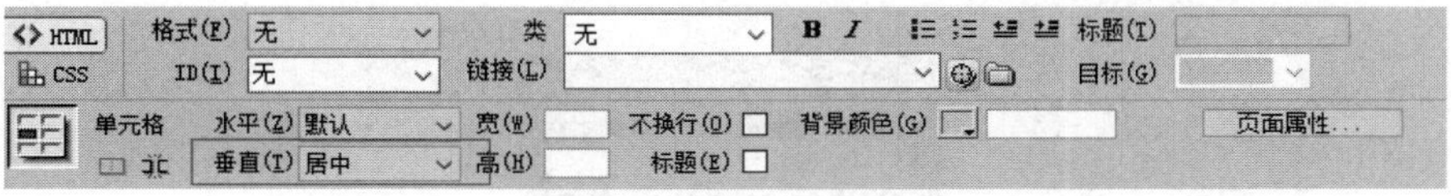

图 7-20　设置垂直属性

（5）设置验证码。插入文本域，并按图 7-21 设置属性。设置完成后的效果如图 7-22 所示。

图 7-21　设置验证码属性

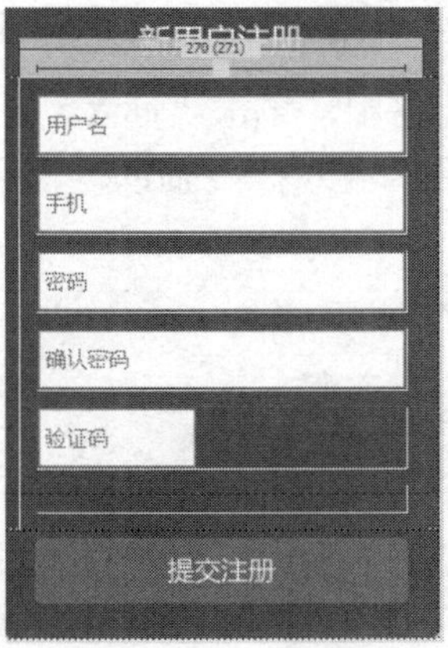

图 7-22　设置验证码属性后的效果

（6）将光标放置到第五行单元格中，单击"插入"面板的"常用"选项卡中的 图像：按钮，在弹出的"选择图像源文件"对话框中，选择"第 7 章　表单"→"项目素材"→"7.1-用户注册网页"→img.png 文件,单击"确定"按钮,如图 7-23 所示,完成验证码图片的插入,效果如图 7-24 所示。

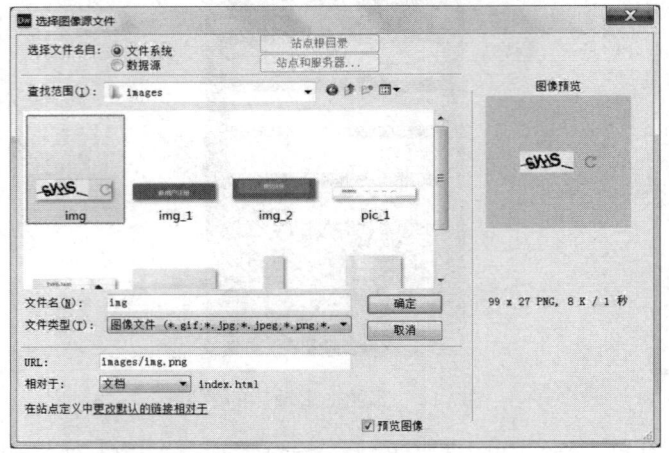

图 7-23　插入验证码图片

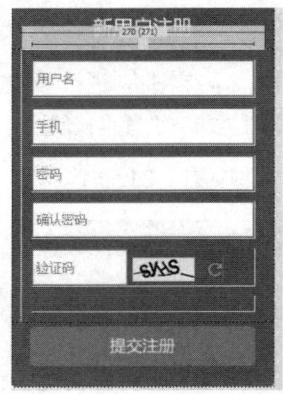

图 7-24　插入验证码图片后的效果

(7)将光标放置到第六行单元格中,单击"插入"面板的"表单"选项卡中的按钮☑,在单元格中插入复选框,在弹出的"输入标签辅助功能属性"对话框中进行属性设置,如图 7-25 所示。

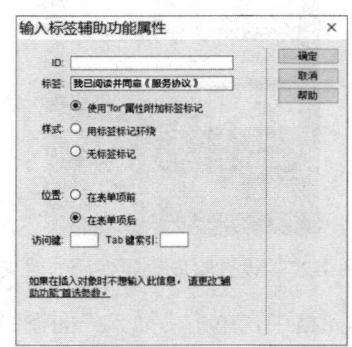

图 7-25　插入标签

单击"确定"按钮,插入标签后的效果如图 7-26 所示。

图 7-26　插入标签后的效果

(8)保存并运行,最终完成效果如图 7-27 所示。

图 7-27　完成效果图

【技能拓展】

index.html 文件源代码如下:

```
<head>
<title>用户注册网页</title>
<meta http-equiv="Content-Type" content="text/html; charset=utf-8">
<style type="text/css">
body {
```

```
            margin-left: 0px;
            margin-top: 0px;
            margin-right: 0px;
            margin-bottom: 0px;
}
.bj {
            background-image: url(images/pic_5.jpg);
            background-repeat: no-repeat;
}
.bd {
            font-family: "宋体";
            font-size: 14px;
            color: #999;
            height: 40px;
            padding-left: 10px;
}
body,td,th {
            font-family: "宋体";
            font-size: 12px;
            color: #FFF;
}
</style>
</head>

<body bgcolor="#FFFFFF">
<table width="1400" height="900" border="0" align="center" cellpadding="0" cellspacing="0">
<tr>
        <td colspan="3"><img src="images/pic_1.jpg" width="1400" height="215" alt=""></td></tr>
<tr>
        <td rowspan="2">
        <img src="images/pic_2.jpg" width="952" height="685" alt=""></td>
        <td width="291" height="441" valign="top" class="bj"><table width="291" border="0" cellspacing="0" cellpadding="0">
<tr>
        <td><img src="images/img_1.png" width="291" height="60"></td>
</tr>
<tr>
        <td height="306" align="center" bgcolor="#777675"><form name="form1" method="post" action="">
<table width="270" border="1" cellspacing="10">
        <tr>
        <td><label for="textfield"></label>
            <input name="textfield" type="text" class="bd" id="textfield" value="用户名" size="35"></td></tr>
        <tr>
        <td><input name="textfield2" type="text" class="bd" id="textfield" value="手机" size="35"></td></tr>
        <tr>
        <td><input name="textfield3" type="text" class="bd" id="textfield3" value="密码" size="35"></td></tr>
```

```
        <tr>
        <td><input name="textfield4" type="text" class="bd" id="textfield4" value="确认密码" size='35'></td>
        </tr>
        <tr>
        <td valign="middle"><input name="textfield5" type="text" id="textfield5" value="验证码" size="15" class="bd">
        <img src="images/img.png" width="99" height="27"></td></tr>
        <tr>
        <td><input type="checkbox" name="checkbox" id="checkbox">
        <label for="checkbox">我已阅读并同意《服务协议》</label></td> </tr>
    </table></form></td></tr>
        <tr>
        <td><img src="images/img_2.png" width="291" height="75"></td></tr>
    </table></td>
    <td rowspan="2"><img src="images/pic_4.jpg" width="157" height="685" alt=""></td></tr>
        <tr>
        <td>
            <img src="images/pic_3.jpg" width="291" height="244" alt=""></td>
        </tr></table>
</body>
```

提示：一个页面中包含多个表单，每个表单都是用<form></form>标记来标志。在插入表单后，如果没有看到表单轮廓线，可以在菜单中选择"查看"→"可视化助理"→"不可见元素"命令来显示表单中的轮廓线。

对于表单的属性进行如下讲解。

在文档窗口中选择表单，在"属性"面板中设置表单属性，如图 7-28 所示。

图 7-28　设置表单属性

表单"属性"面板中各选项的作用介绍如下。

（1）"表单 ID"选项：<form>标记的 name 参数，用于设置表单的名称，各个表单的名称不能相同，命名表单后，用户就可以使用 JavaScript 或 VBScript 等脚本语言引用或控制该表单。

（2）"动作"选项：<form>标记的 action 参数，用于设置处理该表单数据的动态网页路径。用户可以在此选项中直接输入动态网页的完整路径，也可以单击选项右侧的"浏览文件"按钮，选择处理该表单数的动态网页。

（3）"方法"选项：<form>标记的 method 参数，用于设置将表单数据传输到服务器的方法，可供选择的有 POST 方法和 GET 方法两种。

- POST 方法是在 HTTP 请求中嵌入表单数据，并将其传输到服务器，所以 POST 方法适合于向服务器提交大量数据的情况。POST 方法为默认方法。

● GET 方法是将值附加到请求的 URL 中，并将其传输到服务器。GET 方法有 255 个字符的限制，所以适合于向服务器提交少量数据的情况。

（4）"编码类型"选项：是<form>标记的<enctype>参数，用于设置对提交给服务器处理的数据使用的 MIME 编码类型。MIME 编码类型默认设置为"application/x-www-form-urlencode"，通常与 POST 方法协同使用。如果要创建文件上传域，则设置为"multipart/form-data"类型。

（5）"目标"选项：<form>标记的 target 参数，用于设置一个窗口，在该窗口中显示处理表单后返回的数据。目标值有以下 4 种。

1）_blank：表示在未命名的新浏览器窗口中打开链接到的网页。

2）_parent：表示在父级框架或包含该链接的框架窗口中打开链接网页，一般在使用框架时才选用此选项。如果包含链接的框架不是嵌套的，则链接文件加载到整个浏览器窗口中。

3）_self：默认选项，表示在当前窗口中打开链接到的网页。

4）_top：表示在整个浏览器窗口中打开链接网页。

（6）"类"选项：表示当前表单的样式，默认状态为"无"。

案例 2　会员注册网页

本案例中会员注册网页的原始效果如图 7-29 所示。

图 7-29　会员注册网页的原始效果

经过设计与制作后，会员注册网页的最终效果如图 7-30 所示。

图 7-30　会员注册网页的最终效果

【制作关键】

1. 单选按钮

（1）插入"单选按钮"有以下两种方法。

方法一： 单击"插入"面板"表单"选项卡中的"单选按钮"按钮 ◉，如图 7-31 所示。

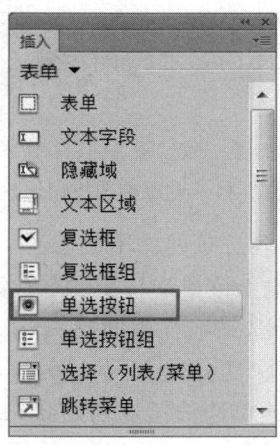

图 7-31　插入单选按钮方法一

方法二： 在菜单中选择"插入"→"表单"→"单选按钮"命令，如图 7-32 所示，在文档窗口的表单中将出现一个单选按钮。

图 7-32　插入单选按钮方法二

（2）为了使单选按钮的布局更加合理，通常采用逐个插入单选按钮的方式。若要在表单域中插入单选按钮，先将光标放在表单轮廓内需要插入单选按钮的位置，然后插入单选按钮，如图 7-33 所示。根据需要在"属性"面板中设置该单选按钮的各项属性，如图 7-34 所示。

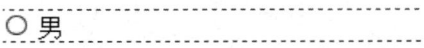

图 7-33　插入单选按钮

图 7-34　设置单选按钮属性

（3）单选按钮"属性"面板中各选项的作用如下：
- "单选按钮"选项：用于输入该单选按钮的名称。
- "选定值"选项：设置此单选按钮代表的值，一般为字符型数据，即当选定该单选按钮时表单指定的处理程序获得的值。
- "初始状态"选项：设置该单选按钮的初始状态，即当浏览器中载入该表单时，该单选按钮是否处于被选中的状态。一组单选按钮中只能有一个按钮的初始状态是被选中的。
- "类"选项：设置是否将 CSS 规则应用于单选按钮，默认为"无"。

2. 单选按钮组

（1）插入"单选按钮组"有以下两种方法。

方法一：单击"插入"面板"表单"选项卡中的"单选按钮组"按钮，如图 7-35 所示。

方法二：在菜单中选择"插入"→"表单"→"单选按钮组"命令，如图 7-36 所示。

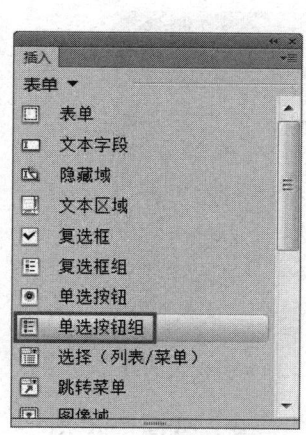

图 7-35　插入单选按钮组方法一

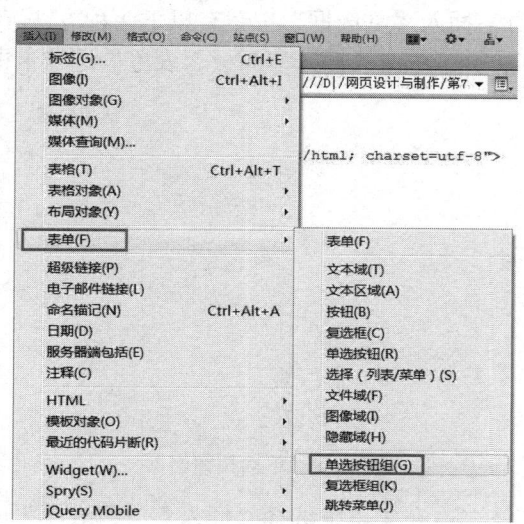

图 7-36　插入单选按钮组方法二

上述两种方法都会弹出"单选按钮组"对话框，如图 7-37 所示。

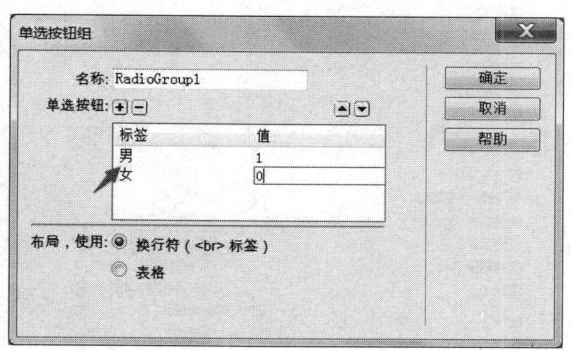

图 7-37　"单选按钮组"对话框

（2）"单选按钮组"对话框中的选项作用如下：

- "名称"选项：用于输入该单选按钮组的名称，各个单选按钮组的名称不能相同。
- "加号"按钮和"减号"按钮：分别用于向单选按钮组内添加单选按钮和从单选按钮组中删除单选按钮。
- "向上"按钮和"向下"按钮：用于对单选按钮重新排序。
- "标签"选项：设置单选按钮右侧的提示信息。
- "值"选项：设置此单选按钮代表的值，一般为字符型数据，即当用户选定该单选按钮时表单指定的处理程序获得的值。
- "布局，使用"选项：选中"换行符"或"表格"单选按钮来设置这些按钮的布局方式。

（3）根据需要来设置该按钮组的每个选项，然后单击"确定"按钮，在文档窗口的表单中将出现单选按钮组，如图 7-38 所示。

提示：当使用单选按钮组时，组内的单选按钮必须具有相同的名称。

3．复选框

（1）插入"复选框"按钮有以下两种方法（复选框又称复选按钮）。

方法一：单击"插入"面板"表单"选项卡中的"复选框"按钮☑，如图 7-39 所示。

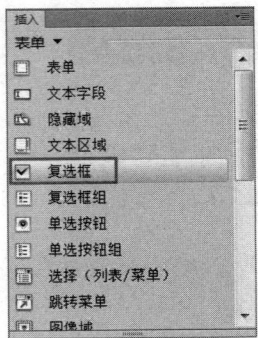

图 7-38　单选按钮组　　　　　　　图 7-39　插入复选框方法一

方法二：在菜单中选择"插入"→"表单"→"复选框"命令，如图 7-40 所示。

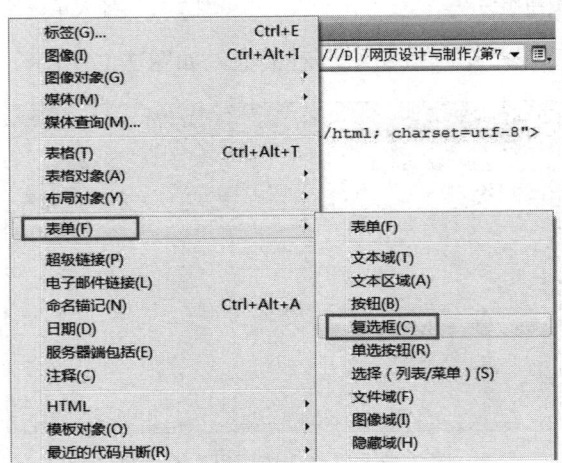

图 7-40　插入复选框方法二

上述两种方法都会在文档窗口的表单中插入一个复选框。

（2）在"属性"面板中设置复选框的属性。可以根据需要设置该复选框的各项属性，如图 7-41 所示。

图 7-41　设置复选框属性

(3) 复选框"属性"面板各选项的作用如下：
- "复选框名称"选项：用于输入该复选框组的名称，一组复选框中各个复选框的名称相同。
- "选定值"选项：设置此复选框代表的值，一般为字符型数据，即当选定该复选框时表单指定的处理程序获得的值。
- "类"选项：设置是否将 CSS 规则应用于复选框，默认为"无"。

4. 下拉菜单

（1）插入下拉菜单（又称下拉列表框）有以下两种方法。

方法一：单击"插入"面板"表单"选项卡中的"选择（列表/菜单）"按钮，如图 7-42 所示，在文档窗口的表单中添加下拉菜单。

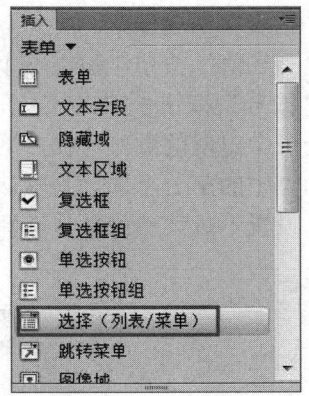

图 7-42　插入下拉菜单方法一

方法二：在菜单中选择"插入"→"表单"→"选择（列表/菜单）"命令，如图 7-43 所示，在文档窗口的表单中添加下拉菜单。

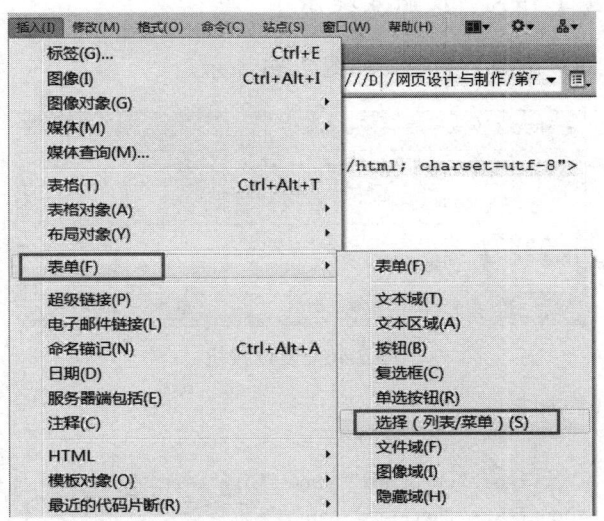

图 7-43　插入下拉菜单方法二

（2）在"属性"面板中设置下拉菜单的属性，如图7-44所示，可以根据需要设置该下拉菜单的属性。

图7-44 设置下拉菜单属性

（3）下拉菜单"属性"面板中各选项的作用如下：
- "选择"选项：用于输入该下拉菜单的名称。各个下拉菜单的名称必须是不同的。
- "类型"选项：设置菜单的类型。若添加下拉菜单，则选择"菜单"单选按钮；若添加可滚动列表，则选择"列表"单选按钮。
- "列表值"选项：单击"列表值"按钮，弹出一个如图7-45所示的"列表值"对话框。在该对话框中单击"加号"按钮➕或"减号"按钮➖，可向下拉菜单中添加或删除菜单项。菜单项在列表中出现的顺序与在"列表值"对话框中出现的顺序一致。在浏览器载入页面时，列表中的第一个选项是默认选项。
- "初始化时选定"选项：设置下拉菜单中默认选择的菜单项。

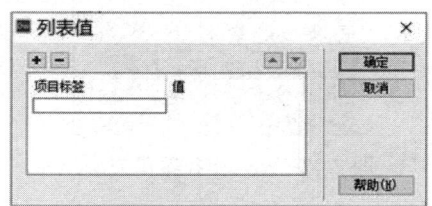

图7-45 列表值

【Web前端开发（1+X）技能点提示】

（1）复选按钮（即复选框）的形式如图7-46所示。

图7-46 复选按钮

插入复选按钮的代码如下：

```
<form>
    我喜欢自行车：<input type="checkbox" name="Bike"><br />
    我喜欢小汽车：<input type="checkbox" name="Car">      复选按钮
</form>
```

（2）单选按钮的形式如图 7-47 所示。

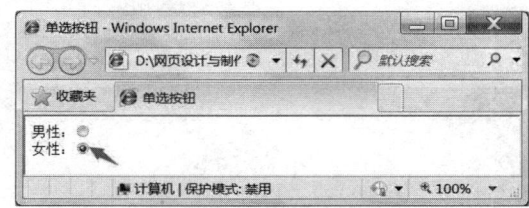

图 7-47　单选按钮

插入单选按钮的代码如下：

```
<form>
    男性：<input type="radio" name="Sex" value="male" /><br />
    女性：<input type="radio" checked="checked" name="Sex" value="female" />
</form>
```

单选按钮，当用户单击单选按钮组中某单选按钮时，该按钮会变为选中状态，单选按钮组中其他单选按钮则会变为非选中状态

（3）下拉列表框（即下拉菜单）的形式如图 7-48 所示。

图 7-48　下拉列表框

插入下拉列表框的代码如下：

```
<form>
    <select name="cars">
    <option value="ben">奔驰</option>
    <option value="bao">宝马</option>
    <option value="bie">别克</option>
    <option value="lan" selected="selected">兰博基尼</option>
    </select>
</form>
```

默认被选中项

【制作过程】

（1）在菜单中选择"文件"→"打开"命令，在弹出的"打开"对话框中选择"第 7 章　表单"→"项目素材"→"7.2-会员注册网页"→index.html 文件，单击"打开"按钮打开文件，界面如图 7-49 所示。

（2）设置单选按钮标题，将光标放置在"性别"后的对应单元格中，如图 7-50 所示。

（3）单击"插入"面板"表单"选项卡中的"单选按钮"按钮，在光标所在位置插入

一个单选按钮,效果如图 7-51 所示。

图 7-49　打开 index.html 文件

图 7-50　设置性别

图 7-51　插入单选按钮

保持单选按钮的选中状态,在"属性"面板中,选中"初始状态"选项组中的"已勾选"单选按钮,如图 7-52 所示。

图 7-52　设置单选按钮属性

将光标放置到单选按钮的后面,输入文字"男",然后用同样的方法添加单选按钮选项"女",并保持此单选按钮为未选中状态,效果如图7-53所示。

图7-53 添加性别

(4)设置生日。方法同上,将光标放置到"生日"后的单元格中,单击"插入"面板"表单"选项卡中的"选择(列表/菜单)"按钮,在光标所在位置插入下拉菜单,如图7-54所示。

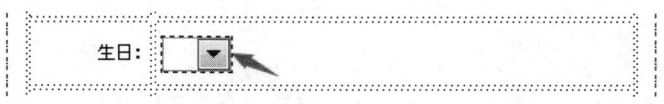

图7-54 添加下拉菜单

选中下拉菜单,在"属性"面板中单击"列表值"按钮,在弹出的"列表值"对话框中添加如图7-55所示的年份内容,添加完成后单击"确定"按钮,然后在"属性"面板中选择"初始化时选定"中的"1999",如图7-56所示。完成后的效果如图7-57所示。

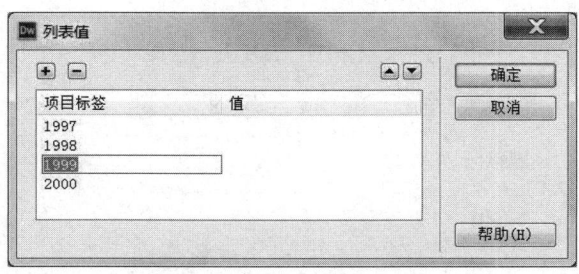

图7-55 添加年份

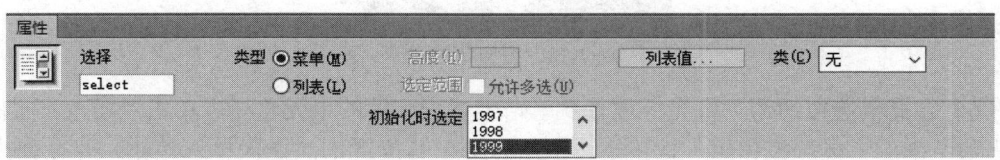

图7-56 设置属性

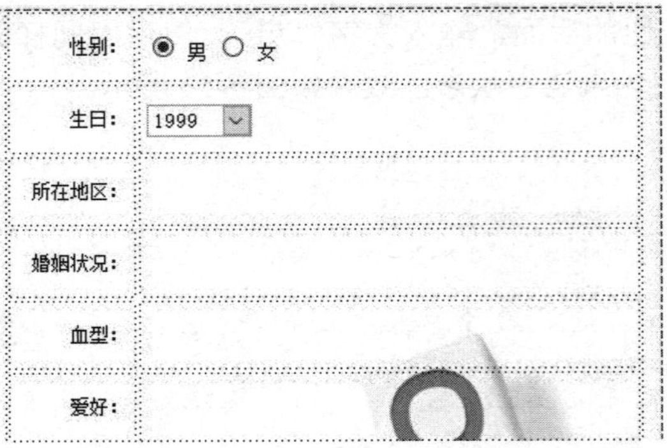

图 7-57 初始化年份

用相同的方法在适当的位置插入"月"和"日"下拉菜单,并设置适当的值,完成后的效果如图 7-58 所示。

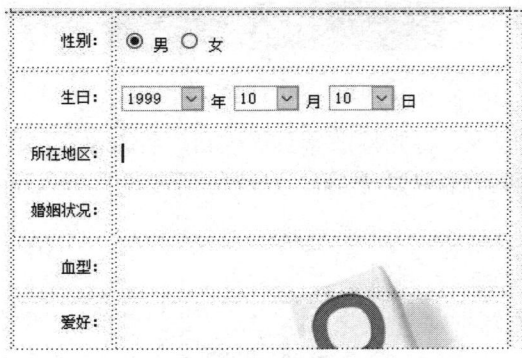

图 7-58 设置生日

(5)用同样的方法添加"所在地区"的相应内容,效果如图 7-59 所示。

图 7-59 设置所在地区

(6)设置单选按钮组。将光标放置到"婚姻状况"后的单元格中,单击"插入"面板"表单"选项卡中的"单选按钮组"按钮,在光标所在的位置依次插入单选按钮,并在弹出的对话框中填入适当的值,如图 7-60 所示。

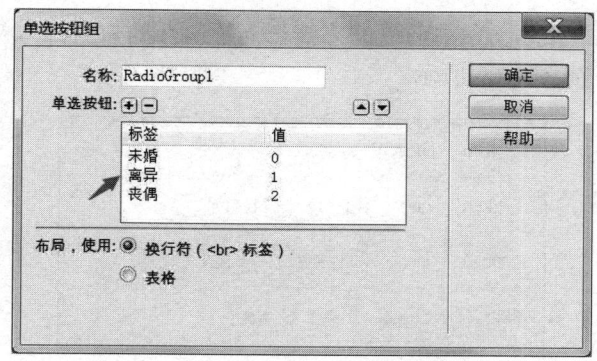

图 7-60 设置单选按钮组属性

完成设置后单击"确定"按钮,效果如图 7-61 所示。

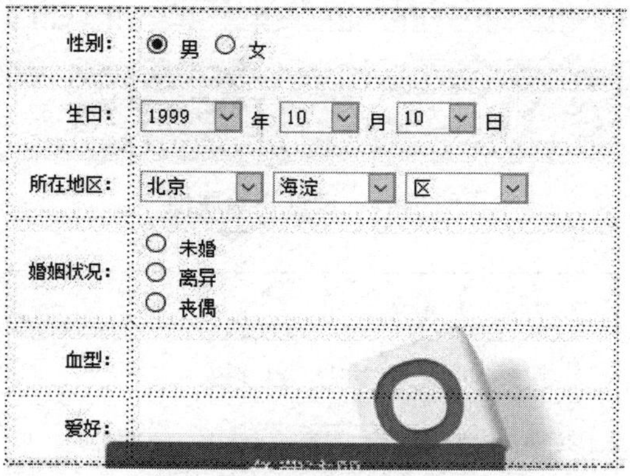

图 7-61 添加单选按钮组

切换到代码模式,将其中的 3 个
标签删除,如图 7-62 所示。

```
<td height="45" align="right">婚姻状况:</td>
<td><p>
  <label>
    <input type="radio" name="RadioGroup1" id="RadioGroup1_0" value="0" checked>
    未婚</label>
  <br>
  <label>
    <input type="radio" name="RadioGroup1" value="1" id="RadioGroup1_1">
    离异</label>
  <br>
  <label>
    <input type="radio" name="RadioGroup1" value="2" id="RadioGroup1_2">
    丧偶</label>
  <br>
</p></td>
```

图 7-62 删除单选按钮组中的换行

删除
标签后切换回设计模式,效果如图 7-63 所示。选择其中一个单选按钮,设置其"初始状态"为"已勾选",如图 7-64 所示。

用同样方法添加"血型"单选按钮组,完成后的效果如图 7-65 所示。

(7) 设置复选框组。将光标放置到"爱好"后的单元格中。单击"插入"面板"表单"

选项卡中的"复选框组"按钮，用前述的方法在光标所在的位置插入复选框组，在弹出的对话框中填入适当的值，如图 7-66 所示。

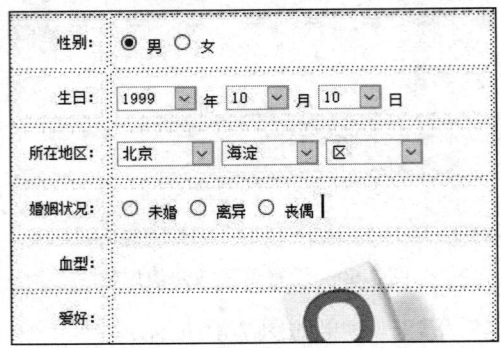

图 7-63　单选按钮组效果

图 7-64　设置初始属性

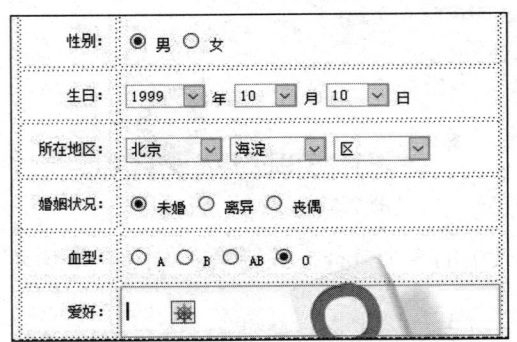

图 7-65　添加"血型"单选按钮组效果

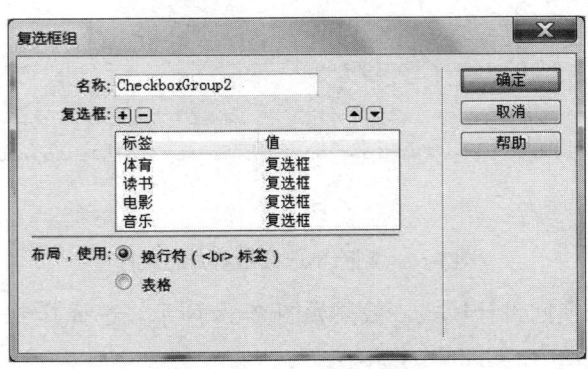

图 7-66　设置复选框组属性

单击"确定"按钮，效果如图 7-67 所示。

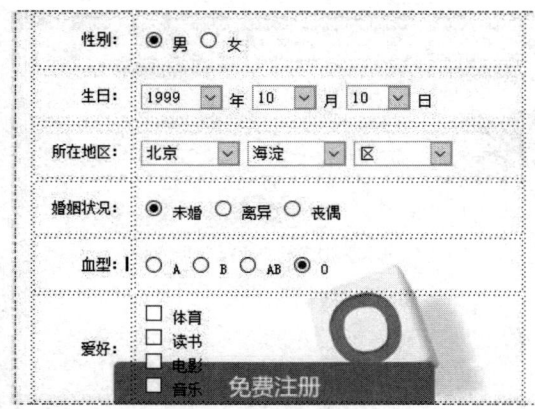

图 7-67　添加复选框组

切换到代码模式，将其中的 4 个
标签删除，如图 7-68 所示。

```
<td height="45" align="right">爱好：</td>
<td><p>
  <label>
    <input type="checkbox" name="CheckboxGroup1" value="复选框" id="CheckboxGroup1_0">
    体育</label>
  <br>
  <label>
    <input type="checkbox" name="CheckboxGroup1" value="复选框" id="CheckboxGroup1_1">
    读书</label>
  <br>
  <label>
    <input type="checkbox" name="CheckboxGroup1" value="复选框" id="CheckboxGroup1_2">
    电影</label>
  <br>
  <label>
    <input type="checkbox" name="CheckboxGroup1" value="复选框" id="CheckboxGroup1_3">
    音乐</label>
  <br>
</p></td>
```

图 7-68　删除复选框组中的换行

删除
标签后切换回设计模式，效果如图 7-69 所示。

图 7-69　复选框组效果

（8）保存文档，在浏览器中浏览网页，效果如图 7-70 所示。

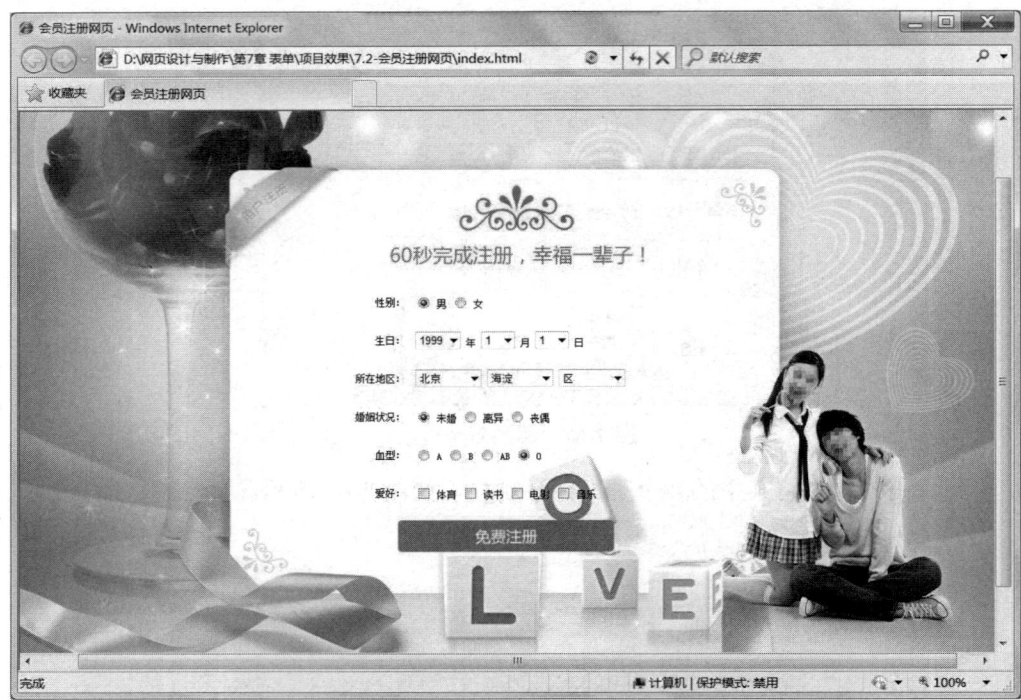

图 7-70 会员注册网页效果图

【技能拓展】

index.html 文件源代码如下：

```html
<form name="form1" method="post" action="">
  <table width="400" border="0" cellpadding="5">
    <tr><td width="70" height="45" align="right">性别：</td>
        <td><input name="radio" type="radio" id="radio" value="radio" checked>男<input name="radio" type="radio" id="radio2" value="radio">女</td></tr>
    <tr><td height="45" align="right">生日：</td>
        <td><label for="select"></label>
            <select name="select" id="select">
                <option>1997</option>
                <option>1998</option>
                <option selected>1999</option>
                <option>2000</option>
            </select>年
            <label for="select2"></label>
            <select name="select2" id="select2">
                <option>1</option>
                <option>2</option>
                <option>3</option>
                ⋮
```

```html
            <option>12</option>
          </select>月
          <label for="select3"></label>
          <select name="select3" id="select3">
            <option>1</option>
            <option>2</option>
            <option>3</option>
                ⋮
            <option>31</option>
          </select>日</td></tr>
  <tr> <td height="45" align="right">所在地区：</td>
       <td><select name="select4" class="select" id="select4">
          <option>北京</option>
          <option>上海</option>
          <option>江苏</option>
        </select>
        <select name="select5" class="select" id="select5">
           <option>海淀</option>
           <option>朝阳</option>
        </select>
        <select name="select6" class="select" id="select6">
           <option>区</option>
        </select></td></tr>
    <tr> <td height="45" align="right">婚姻状况：</td>
<td><p>
    <label><input name="RadioGroup1" type="radio" id="RadioGroup1_0" value="0" checked>未婚
    </label>
    <label><input type="radio" name="RadioGroup1" value="1" id="RadioGroup1_1">离异</label>
    <label><input type="radio" name="RadioGroup1" value="2" id="RadioGroup1_2">丧偶</label>
</p></td> </tr>
<tr><td height="45" align="right">血型：</td>
    <td><input type="radio" name="radio3" id="radio3" value="radio3">
       <label for="radio3">A<input type="radio" name="radio4" id="radio4" value="radio4">B<input
       type="radio" name="radio5" id="radio5" value="radio5">
       AB<input name="radio6" type="radio" id="radio6" value="radio6" checked>O
       </label></td> </tr>
<tr><td height="45" align="right">爱好：</td>
    <td><p>
    <label><input type="checkbox" name="CheckboxGroup1" value="复选框" id=
    "CheckboxGroup1_0">体育</label>
     <label><input type="checkbox" name="CheckboxGroup1" value="复选框" id=
     "CheckboxGroup1_1">读书</label>
    <label><input type="checkbox" name="CheckboxGroup1" value="复选框" id=
    "CheckboxGroup1_2">电影</label>
    <label><input type="checkbox" name="CheckboxGroup1" value="复选框" id=
```

```
                "CheckboxGroup1_3">音乐</label> </p></td></tr>
        </table>
</form>
```

按钮的作用是控制表单的操作。一般情况下，表单中设有提交按钮、重置按钮和普通按钮 3 种按钮。提交按钮的作用是将表单数据提交到表单指定的处理程序中进行处理。重置按钮的作用是将表单的内容还原为初始状态。

（1）若要在表单中插入按钮，应先将光标放在表单轮廓内需要插入按钮的位置，然后再进行插入按钮的操作。插入按钮有以下两种方法。

方法一：单击"插入"面板"表单"选项卡中的"按钮"按钮，如图 7-71 所示，在文档窗口的表单中将会出现一个按钮，如图 7-72 所示。

方法二：在菜单中选择"插入"→"表单"→"按钮"命令，在文档窗口的表单中将会出现一个按钮，如图 7-72 所示。

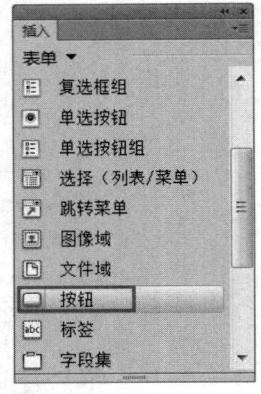

图 7-71 插入按钮

图 7-72 按钮效果

（2）按钮的属性显示在"属性"面板中，可以根据需要在此设置按钮的各项属性，如图 7-73 所示。

图 7-73 设置按钮属性

按钮"属性"面板中各选项的作用如下：
- 按钮名称"选项：用于输入该按钮的名称，各个按钮的名称不能相同。
- "值"选项：设置按钮上显示的文本。
- "动作"选项组：设置用户选择单选按钮时将发生的操作，有以下 3 个选项。
  - "提交表单"选项：当用户选择该单选按钮时，将表单数据提交到表单指定的处理程序进行处理。
  - "重设表单"选项：当用户选择该单选按钮时，将表单内的各对象值还原为初始值。
  - "无"选项：当用户选择该单选按钮时，不为该按钮附加行为或脚本。
- "类"选项：将 CSS 规则应用于该按钮。

实战 1　用户注册页面

制作出的用户注册页面的效果如图 7-74 所示。

图 7-74 用户注册页面

实战 2 健康测试网页

制作出的健康测试网页的效果如图 7-75 所示。

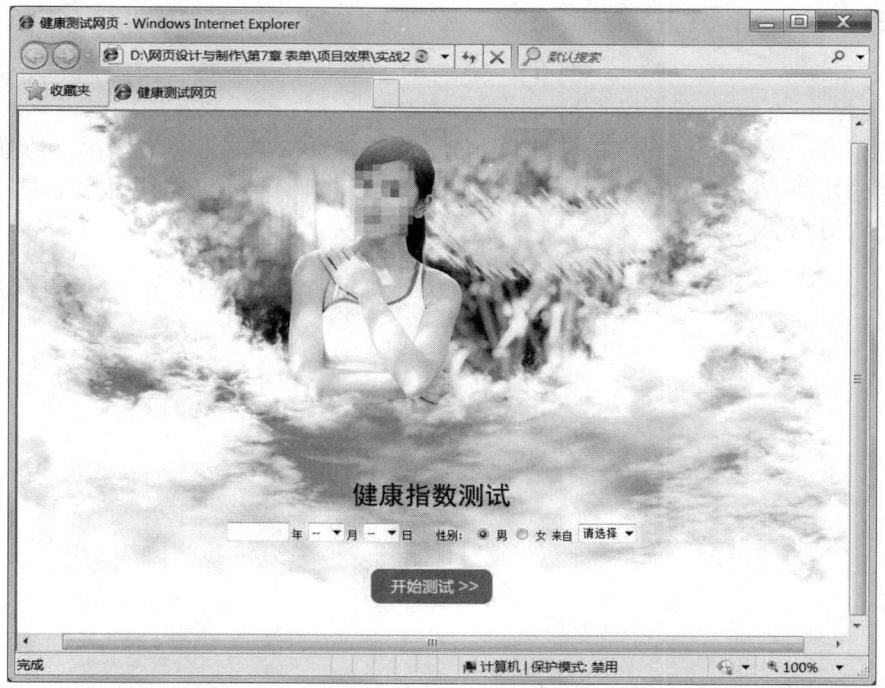

图 7-75 健康测试网页效果

实战 3　国际航空网页

制作出的国际航空网页的效果如图 7-76 所示。

图 7-76　国际航空网页

本 章 小 结

本章主要介绍了网页表单控件的基本功能。通过本章的学习，读者能够熟练掌握网页常见表单控件的使用方法，并学会利用表单控件设计能够获取用户信息的页面，这对以后的实际网页制作会有很大的帮助。

第 8 章 CSS

本章将介绍 CSS 的基本语法及文本、背景等常见的样式修饰,重点理解内容与样式分离的特点,多多练习使用 CSS 的基本语法和各类常用的样式修饰,是学好 CSS 的关键。

8.1 CSS 选择器

案例 1 标签选择器

本案例中标签选择器的原始效果如图 8-1 所示。

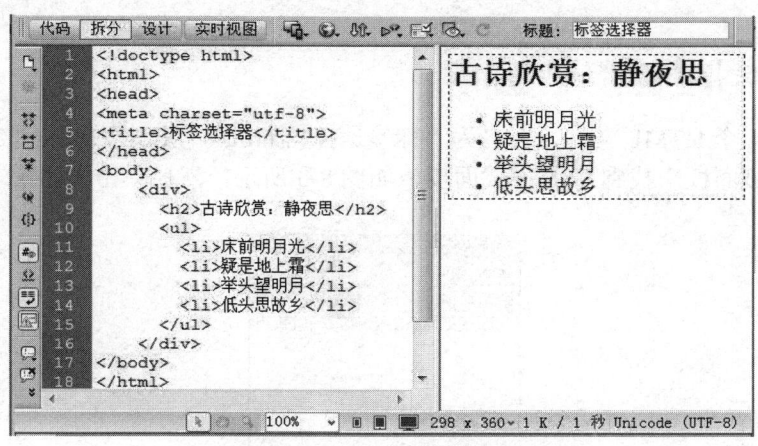

图 8-1 标签选择器原始效果

经过设计与制作后,标签选择器的最终效果如图 8-2 所示。

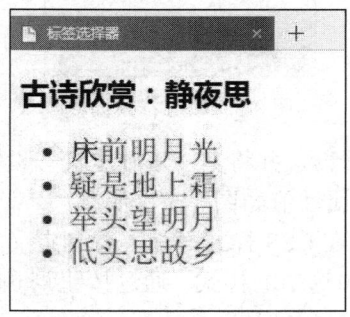

图 8-2 标签选择器最终效果

【制作关键】

标签选择器可以根据指定的标签名，在当前页面中找到所有该名称的标签，然后设置属性，这样能够快速实现样式设置，提高我们的工作效率。

【Web 前端开发（1+X）技能点提示】

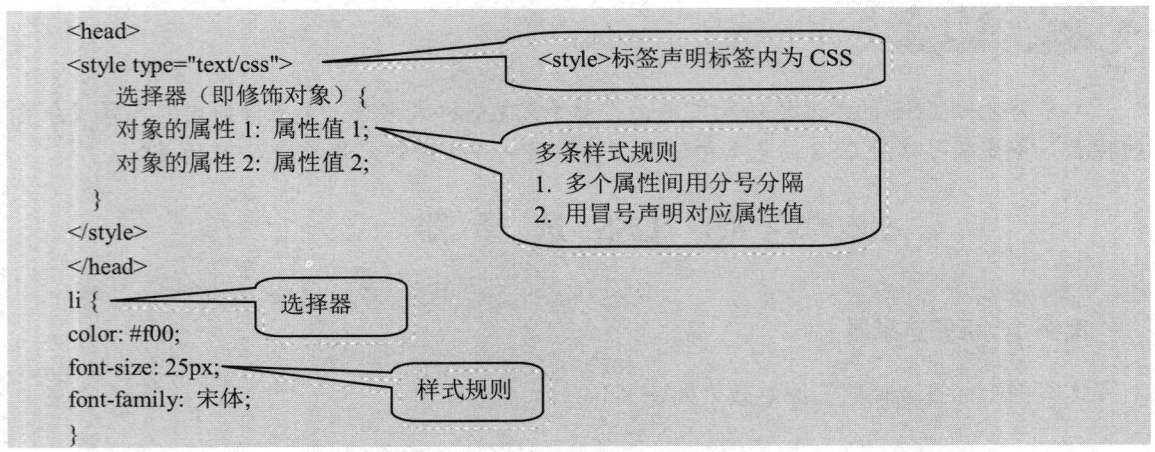

【制作过程】

（1）新建一个 HTML 文档，命名为"标签选择器.html"，编辑页面如图 8-1 所示。

（2）在右侧面板中找到 CSS 样式面板，如图 8-3 所示，然后单击按钮 ，添加样式。

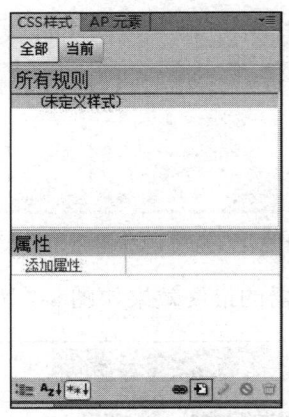

图 8-3　CSS 样式面板

（3）为 li 标签添加标签选择器，并将其"规则定义"设置为"（仅限该文档）"，如图 8-4 所示。为 li 标签设置相应属性，属性值如图 8-5 所示。

（4）样式添加完成后，可以在 CSS 样式面板上看到定义的 li 标签选择器及其他的样式规则。我们可以通过按钮 重新编辑选中的样式，通过按钮 删除选中的样式，还可以通过"添加属性"命令添加新的属性，如图 8-6 所示。

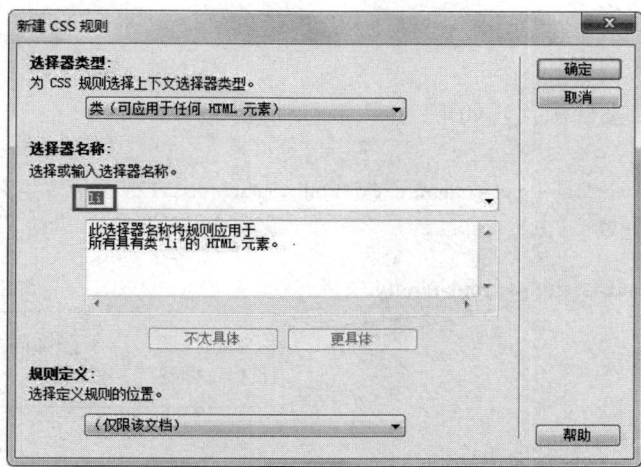

图 8-4 添加标签选择器

图 8-5 设置标签属性

图 8-6 编辑样式

【技能拓展】

标签选择器.html 文件源代码如下：

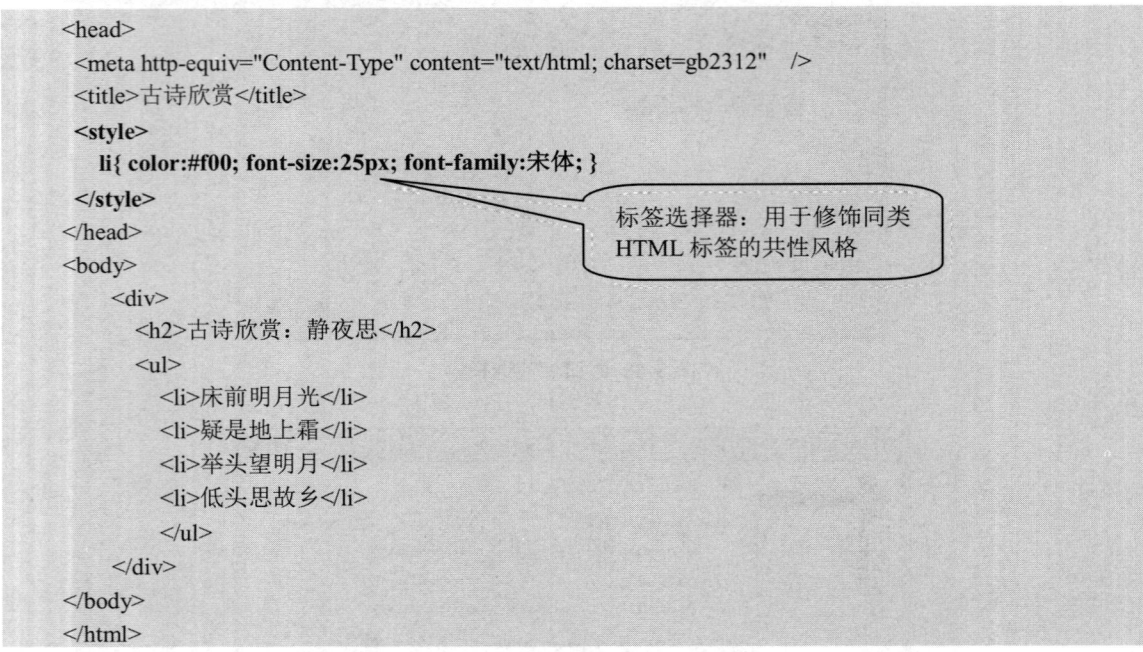

注意：＜style＞与＜/style＞之间的内容为 li 的标签选择器

font-family 规定元素的字体系列。font-family 可以把多个字体名称作为一个"回退系统"进行保存。如果浏览器不支持第一个字体，则会尝试下一个，总之，浏览器会使用它可识别的第一个字体。

我们选择 font-family 中的"编辑字体列表"命令，然后在"可用字体"中选择字体并将其通过单击按钮 添加到"选择的字体"内，可以一次选择多个，生成一个字体集合，单击按钮 编辑样式图标，如图 8-7 和图 8-8 所示。

图 8-7　编辑字体列表

图 8-8　选择可用字体

案例2 类选择器

本案例中类选择器的原始效果如图 8-9 所示。

```
<!doctype html>
<html>
<head>
<meta charset="utf-8">
<title>类选择器</title>
<style>
 li {
   font-family:宋体;
   font-size: 25px;
   color: #F00;
 }
</style>
</head>
<body>
    <div>
        <h2>古诗欣赏：静夜思</h2>
        <p >作者：李白</p>
        <ul>
            <li>床前明月光</li>
            <li>疑是地上霜</li>
            <li >举头望明月</li>
            <li>低头思故乡</li>
        </ul>
    </div>
</body>
</html>
```

古诗欣赏：静夜思

作者:李白

- 床前明月光
- 疑是地上霜
- 举头望明月
- 低头思故乡

图 8-9 类选择器的原始效果

经过设计与制作，类选择器的最终效果如图 8-10 所示。

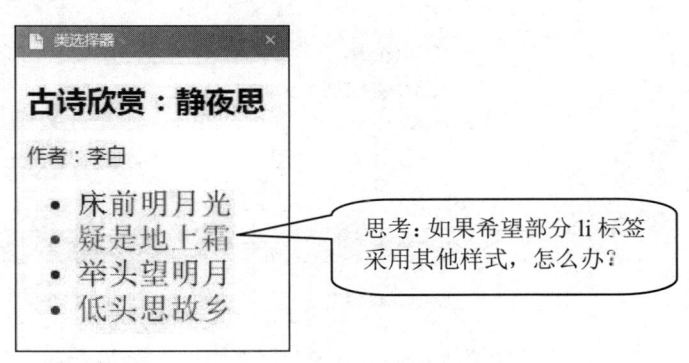

图 8-10 类选择器的最终效果

【制作关键】

class 选择器可以用于描述一组元素的样式，也可以在多个元素中使用，这样既可以使网页丰富多彩又可以保持风格的统一。

【Web 前端开发（1+X）技能点提示】

```
<style type="text/css">
        .blue{color:#00f;}
           ⋮
</style>
```

定义样式，注意类名的前面有点号

```
:
<p class="blue">作者：李白 </p>    应用类样式，其他元素也可以使用
:
<li class="blue">床前明月光 </li>
```

【制作过程】

（1）新建一个 HTML 文档，命名为"类选择器.html"，编辑页面如图 8-9 所示。

（2）新建一个 CSS 样式规则，类选择器名字为 blue，注意类选择器的名称前面需要加"."，名字为自定义的，如图 8-11 所示。单击"确定"按钮，在弹出的".blue 的 CSS 规则定义"对话框中设置文本颜色为蓝色，如图 8-12 所示。

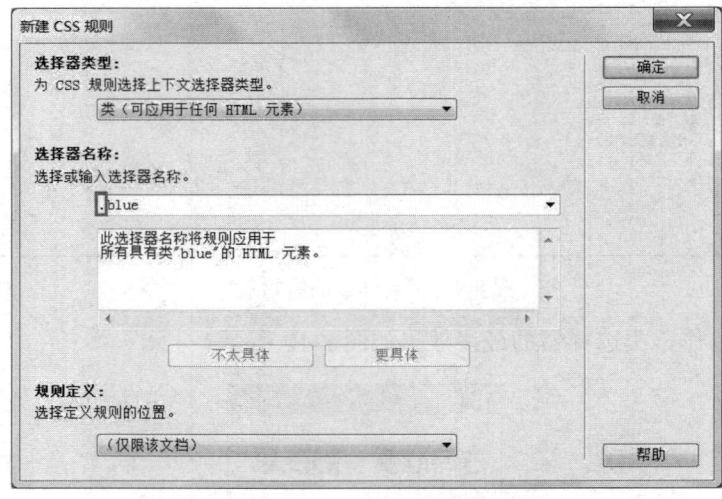

图 8-11　定义类选择器 blue

图 8-12　设置.blue 的规则

（3）选中 p 标签，在属性面板中设置"类"为 blue，如图 8-13 所示。

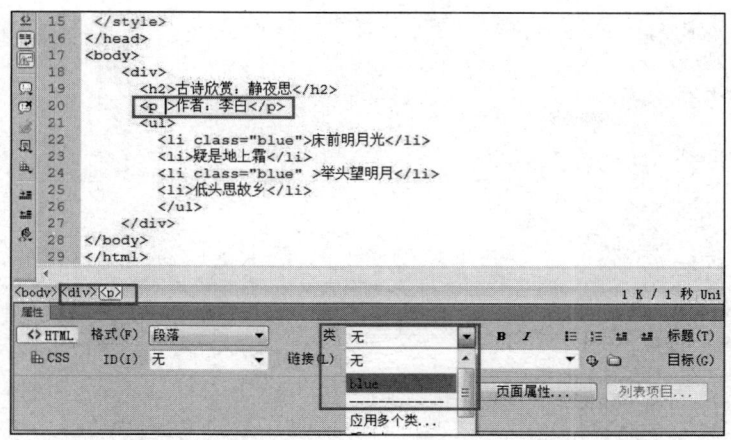

图 8-13　应用 blue 标签

（4）按照上述步骤，分别为诗的第一句和第三句中的 li 标签添加类选择器 blue，如图 8-14 所示。

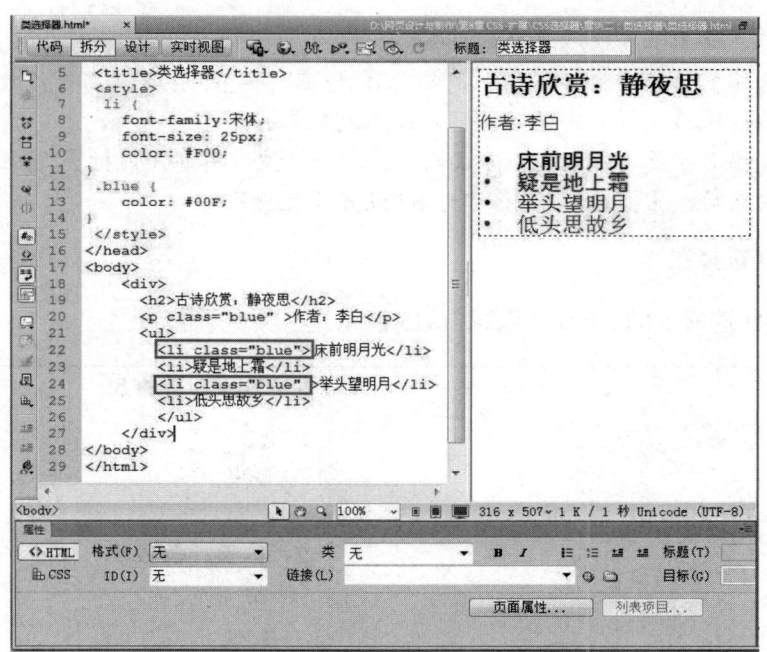

图 8-14　为 li 标签添加类选择器 blue

【技能拓展】

类选择器.html 文件源代码如下：

```
<head>
<meta charset="utf-8">
 <title>类选择器</title>
 <style>
  li {
```

```
        font-family:宋体;
        font-size: 25px;
        color: #F00;
}
    .blue{color:blue;}
 </style>
</head>
<body>
    <div>
        <h2>古诗欣赏：静夜思</h2>
        <p class="blue">作者：李白</p>
        <ul>
            <li class="blue">床前明月光</li>
            <li>疑是地上霜</li>
            <li class="blue">举头望明月</li>
            <li>低头思故乡</li>
        </ul>
    </div>
</body>
```

注意：跟在"class="后面的类名中不包括"."

提示：标签选择器和类选择器的区别如下。

- 标签选择器中的"标签"指的是 HTML 标签，如 p、li 等，用于修饰同类 HTML 标签的共性风格。样式定义后，就可以看到效果。
- 类选择器名字是自定义的，前面有"."，可以被应用到任何标签，并可以反复使用。样式定义后，需要通过 **class="类名"** 设置才能使用。

案例 3 ID 选择器

本案例中 ID 选择器的原始效果如图 8-15 所示。

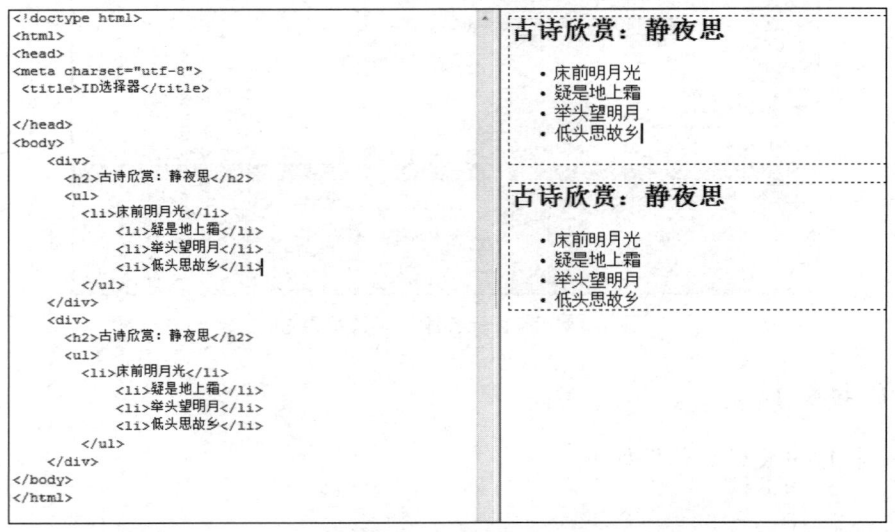

图 8-15 ID 选择器的原始效果

经过设计与制作，ID 选择器的最终效果如图 8-16 所示。

第 8 章 CSS 149

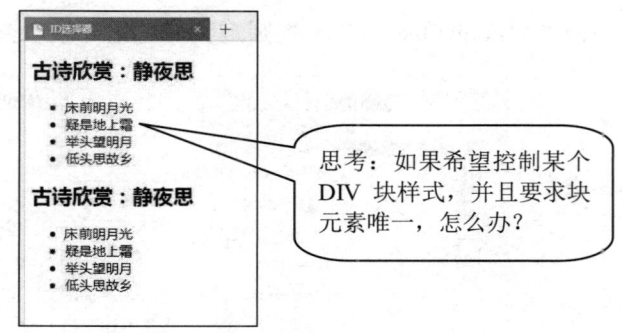

图 8-16 ID 选择器的最终效果

【制作关键】

如果希望控制某个标签样式，并且要求元素唯一，ID 选择器可以为标有特定 ID 的 HTML 元素设置特定的样式。

【Web 前端开发（1+X）技能点提示】

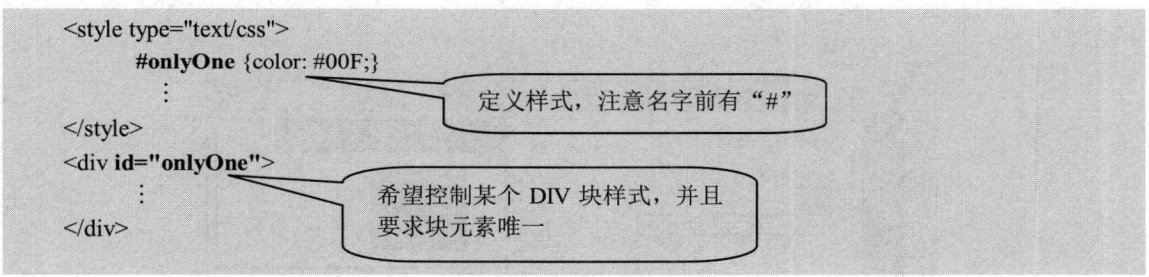

【制作过程】

（1）新建一个 HTML 文档，命名为"ID 选择器.html"，编辑页面如图 8-15 所示。
（2）添加名字为 onlyOne 的 ID 选择器，并将其"规则定义"设置为"（仅限该文档）"，如图 8-17 所示。

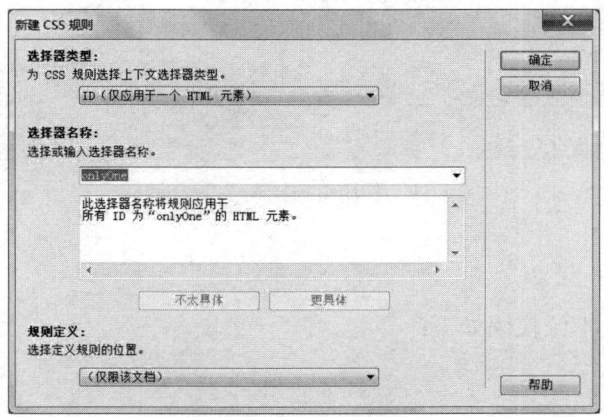

图 8-17 添加 ID 选择器

在弹出的"#onlyOne 的 CSS 规则定义"对话框中设置文本颜色为蓝色，如图 8-18 所示。

图 8-18　设置规则

选中源代码中第一个 div 标签，在属性面板中选择使用 ID 选择器为 onlyOne，如图 8-19 所示。

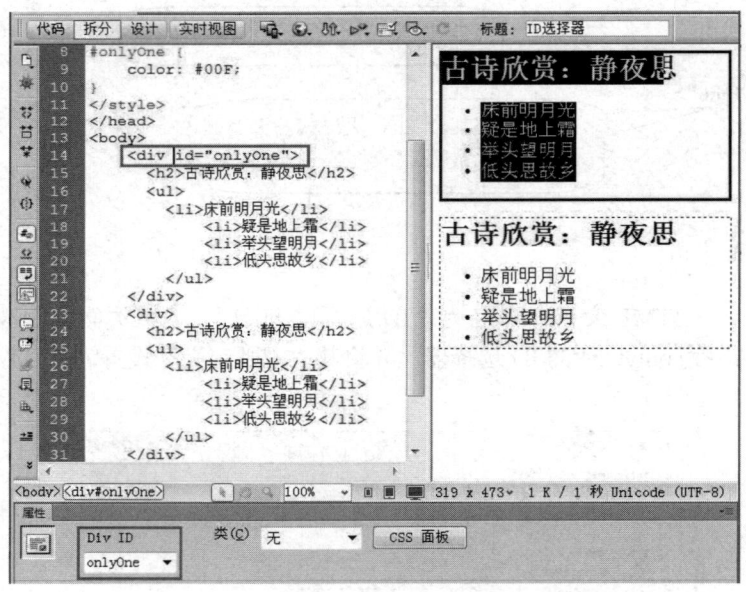

图 8-19　使用 ID 选择器：onlyOne

【技能拓展】

ID 选择器.html 文本源代码如下：

```
<head>
<meta charset="utf-8">
 <title>ID 选择器</title>
```

```
<style type="text/css">
    #onlyOne {
        color: #00F;
    }
</style>
</head>
<body>
    <div id="onlyOne">
        <h2>古诗欣赏：静夜思</h2>
        <ul>
            <li>床前明月光</li>
                <li>疑是地上霜</li>
                <li>举头望明月</li>
                <li>低头思故乡</li>
            </ul>
    </div>
    <div>
        <h2>古诗欣赏：静夜思</h2>
        <ul>
            <li>床前明月光</li>
            <li>疑是地上霜</li>
            <li>举头望明月</li>
            <li>低头思故乡</li>
            </ul>
    </div>
</body>
```

提示：类选择器和 ID 选择器的异同如下所述。

相同点：类选择器和 ID 选择器的名字都是自定义的，并且任意标签都可以使用。

不同点：

- 类选择器名字前面用"."，ID 选择器名字前面用"#"。
- 使用类选择器用"class="类名""格式，使用 ID 选择器用"ID="ID 名""格式。
- 类选择器一般可以反复多次使用，而 ID 选择器原则上只使用一次。

案例 4　背景及偏移量

本案例中制作出的网页的最终效果如图 8-20 至图 8-24 所示。

图 8-20　不平铺背景

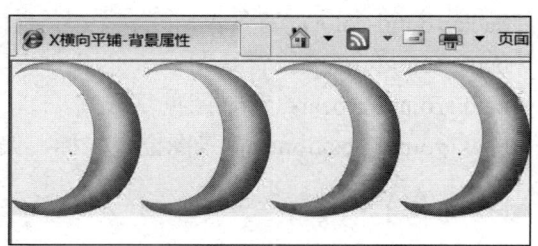

图 8-21　横向平铺背景

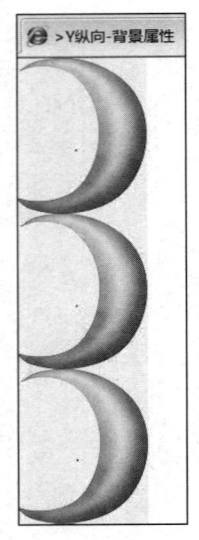

图 8-22 纵向平铺背景　　　　　　图 8-23 横向、纵向平铺背景

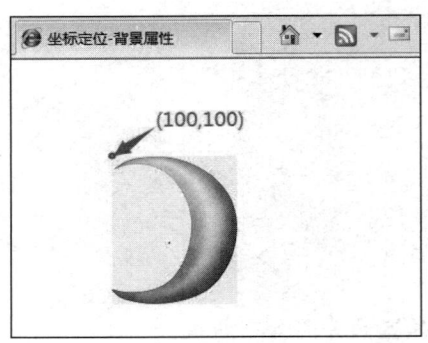

图 8-24 通过坐标定位背景

【制作关键】

背景属性是给网页添加背景色和背景图片所用的 CSS 样式。背景图片与在网页中插入的图片不同,背景图片放在网页的最底层,文字和网页中插入的图片位于其上。

【Web 前端开发(1+X)技能点提示】

- Background:背景。
- background-color:背景色。
- background-image:背景图。
- background-repeat:背景图重复方式。
- background-position:背景图位置坐标、偏移量。

【制作过程】

新建站点,名字为"案例 4 背景及偏移量",并添加图片文件夹"images",将要使用的图片放置在此文件夹中。

（1）在站点中新建一个 HTML 文档，命名为 no-repeat.html。

（2）设置标签选择器，并将其"规则定义"设置为"（仅限该文档）"，然后单击"确定"按钮，如图 8-25 所示。

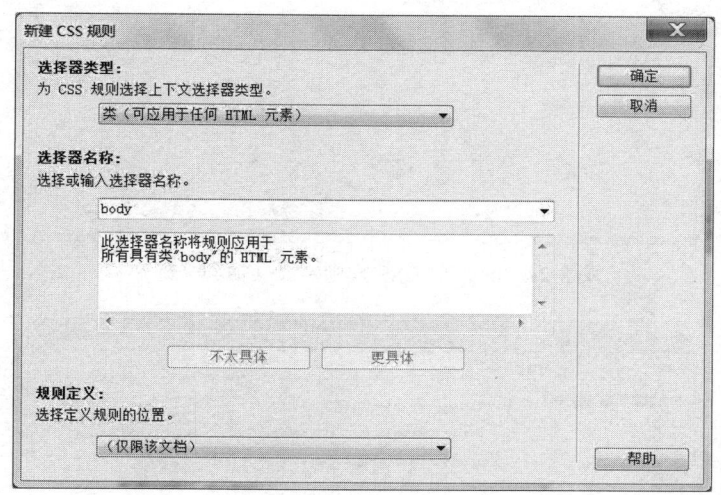

图 8-25　添加标签选择器

在弹出的"body 的 CSS 规则定义"对话框中进行设置，如图 8-26 所示，然后单击"确定"按钮，效果如图 8-20 所示。

图 8-26　body 的 CSS 规则定义（不平铺）

（3）在站点中新建一个 HTML 文档，命名为 repeat-x.html。重复步骤（2）的操作，为 body 添加标签选择器，CSS 规则定义如图 8-27 所示，然后单击"确定"按钮，效果如图 8-21 所示。

（4）在站点中新建一个 HTML 文档，命名为 repeat-y.html。重复步骤（2）的操作，为 body 添加标签选择器，CSS 规则定义如图 8-28 所示，然后单击"确定"按钮，效果如图 8-22 所示。

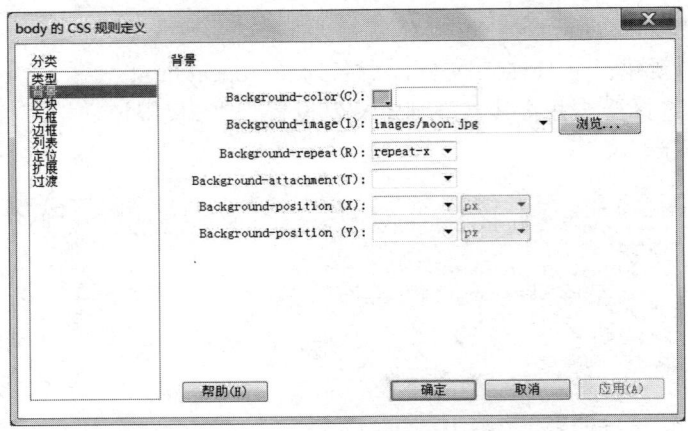

图 8-27　body 的 CSS 规则定义（横向平铺）

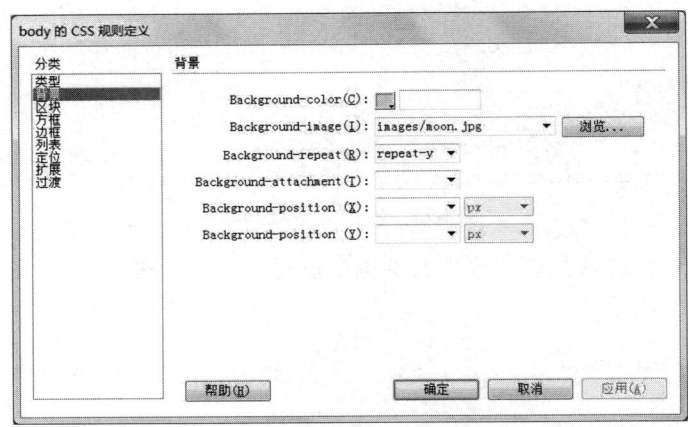

图 8-28　body 的 CSS 规则定义（纵向平铺）

（5）在站点中新建一个 html 文档，命名为 repeat-xy.html。重复步骤（2）的操作，为 body 添加标签选择器，CSS 规则定义如图 8-29 所示，然后单击"确定"按钮，效果如图 8-23 所示。

图 8-29　body 的 CSS 规则定义（横向、纵向平铺）

（6）在站点中新建一个 HTML 文档，命名为 dw.html。重复步骤（2）的操作，为 body 添加标签选择器，CSS 规则定义如图 8-30 所示，然后单击"确定"按钮，效果如图 8-24 所示。

图 8-30　body 的 CSS 规则定义（通过坐标进行定位）

【技能拓展】

背景平铺案例中文件源代码如下：

```
1  body{ background:url(images/moon.jpg) no-repeat; }
2  body{ background:url(images/moon.jpg) repeat-x; }
3  body{ background:url(images/moon.jpg) repeat-y; }
4  body{ background:url(images/moon.jpg) repeat; }
5  body{
       background-image: url(images/moon.jpg);
       background-repeat: no-repeat;
       background-position: 100px 100px;
   }
```

注意：background-position 中 X 坐标和 Y 坐标必须都要有，只写一个则为无效，网页中的坐标和数学中的坐标是有差别的，如图 8-31 所示。

图 8-31　网页中的坐标

实战 1　文本属性样式

制作出的文本属性样式效果如图 8-32 所示。

图 8-32　文本属性样式效果

实战 2　背景属性

制作出的背景属性效果如图 8-33 所示。

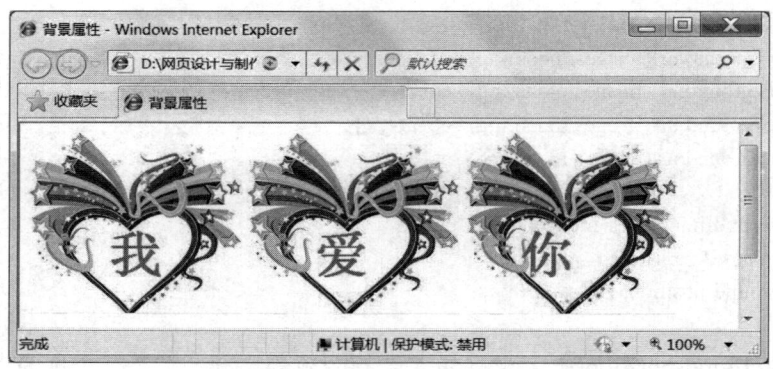

图 8-33　背景属性效果

8.2　CSS 的应用及优先级

案例 1　外部样式表

本案例中外部样式表的原始效果如图 8-34 所示。

经过设计与制作，外部样式表的最终效果如图 8-35 所示。

【制作关键】

外部样式表可以很好地保证网站风格的统一，它的复用性还可以很好地提高工作效率。

第 8 章 CSS 157

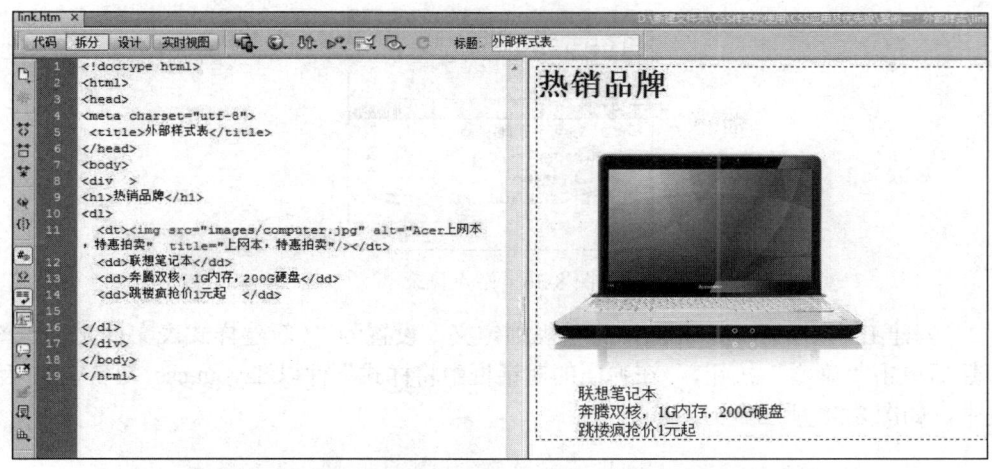

图 8-34 外部样式表原始效果

图 8-35 外部样式表最终效果

【Web 前端开发（1+X）技能点提示】

【制作过程】

（1）新建站点，命名为"案例 1 外部样式表，如图 8-36 所示；添加文件夹"css"和"images"，分别用来保存 CSS 样式文件和图片文件；新建一个 HTML 文档，命名为 link.html，按照图 8-34 来编辑网页。

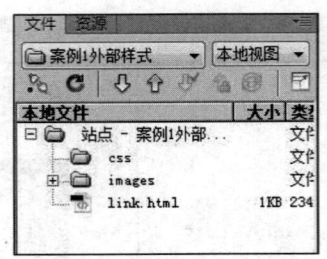

图 8-36　站点目录

（2）创建 ID 选择器#container，将"规则定义"设置为"（新建样式表文件）"，如图 8-37 所示。然后单击"确定"按钮，在弹出的对话框中将样式文件以 layout.css 为名字保存到 css 文件夹中，如图 8-38 所示。

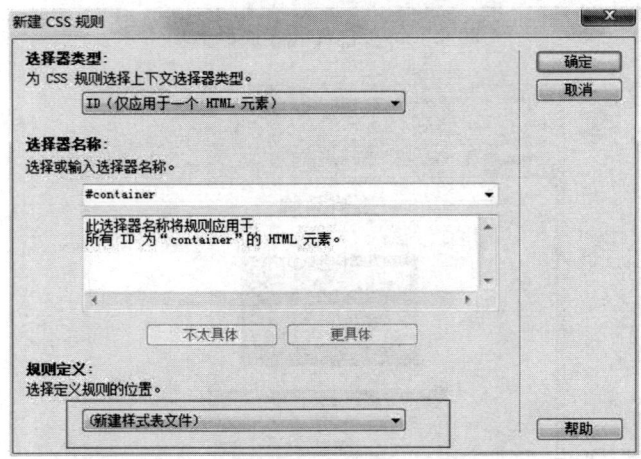

图 8-37　新建#container

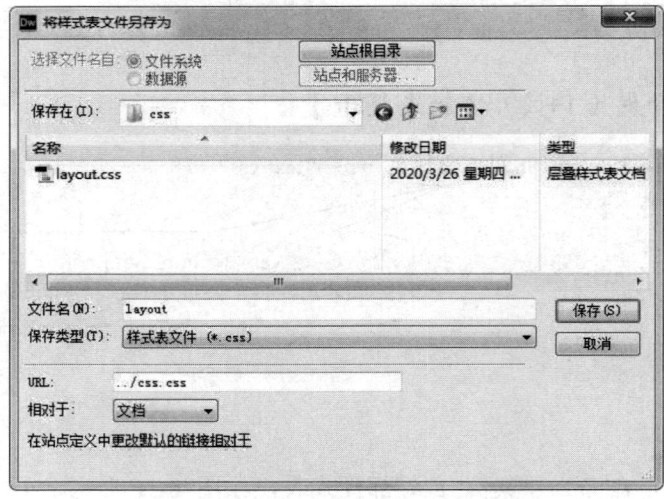

图 8-38　新建样式文件

为#container 设置文本居中对齐，如图 8-39 所示。

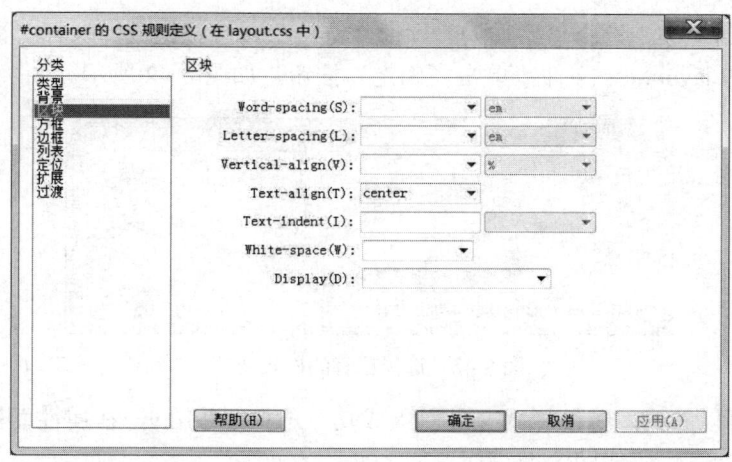

图 8-39 样式规则一

设置#container 的方框宽为 1200px（像素），如图 8-40 所示。

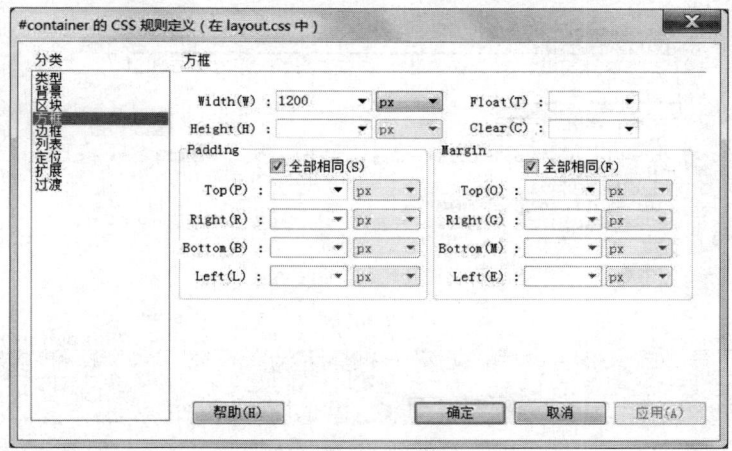

图 8-40 样式规则二

（3）在 CSS 样式面板中单击按钮 ，链接外部 CSS 样式文件，如图 8-41 所示。

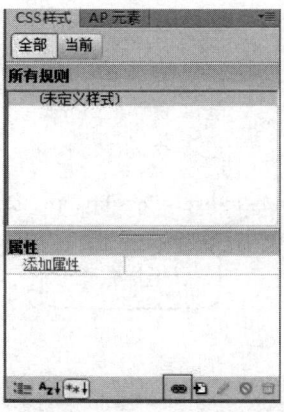

图 8-41 链接外部 CSS 样式文件

在弹出的对话框中，选择"添加为"项的"链接"单选按钮（即选择"链接"方式），选中 css 文件夹中的 layout.css 文件，单击"确定"按钮，如图 8-42 所示。

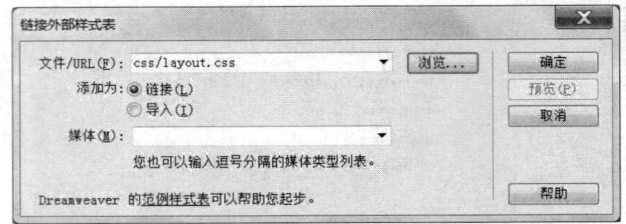

图 8-42　选择已有的样式文件

在 head 中可以看到，外部样式文件引入成功。选择标签 div，在属性面板中为它选择 ID 选择器为 container，代码如图 8-43 所示。

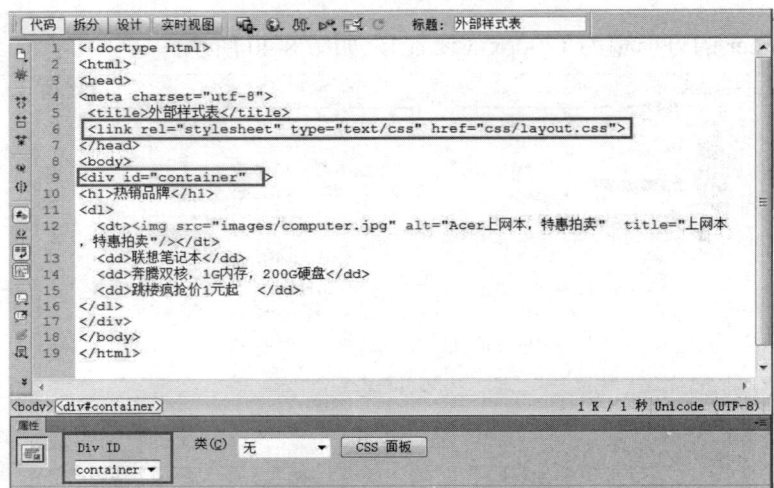

图 8-43　应用样式

【技能拓展】

link.html 文件源代码如下：

```
<html>
<head>
  <meta charset="utf-8">
  <title>外部样式表</title>
  <link rel="stylesheet" type="text/css" href="css/layout.css">
</head>
<body>
    <div id="container"  >
      <h1>热销品牌</h1>
      <dl>
         <dt><img src="images/computer.jpg" alt="Acer 上网本，特惠拍卖"  title="上网本，特惠拍卖"/></dt>
```

引用样式

```
        <dd>联想笔记本</dd>
        <dd>奔腾双核，1G 内存，200G 硬盘</dd>
        <dd>跳楼疯抢价 1 元起    </dd>
        layout
      </dl>
    </div>
  </body>
</html>
```

案例 2　行内样式表

本案例中行内样式表的原始效果如图 8-44 所示。

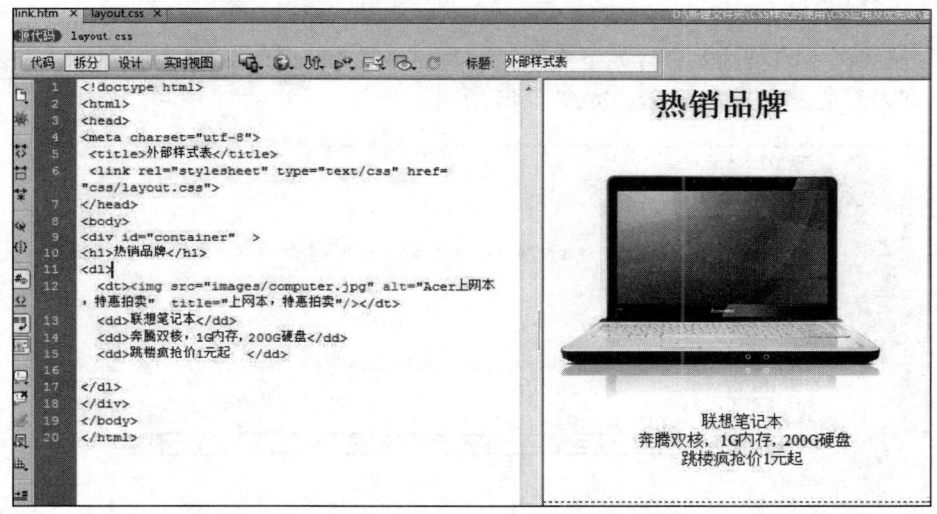

图 8-44　行内样式表原始效果

经过设计与制作，行内样式表的最终效果如图 8-45 所示。

图 8-45　行内样式表最终效果

【制作关键】

如果网页中某一标签的样式比较特殊，并且没有复用性，我们可以选择使用行内样式表添加样式。

【Web 前端开发（1+X）技能点提示】

行内样式表
```
<li>
    <a href=""#" style="color:red;font-size:10px;">腾讯新闻</a>
</li>
```

> 单独定义某个元素的样式，虽然灵活方便，但因为内容与样式混在一起，所以应尽量少用或不用

【制作过程】

（1）在案例 1 的基础上进行如下更改：对数字"1"加一个<span>标签，并对它设置行内样式，文本为红色，字号为 60px，如图 8-46 所示。

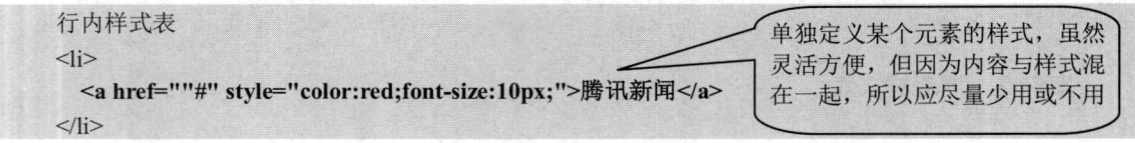

图 8-46　设置行内样式

【技能拓展】

还有一种应用样式的方式，即内部样式表，其语法结构如下：

```
<head>
<style type="text/css">
    …    //样式定义
</style>
</head>
<body>
    …    //HTML 内容
</body>
```

> HTML 和 CSS 在同一文件，虽然方便开发时进行修改，但样式与内容分离不够彻底，不利于页面复用

我们前面的案例多采用这种方式，这里不再安排案例讲解。

三种样式表的特点见表 8-1。

表 8-1　三种样式表的特点

样式表	优点	缺点	使用情况	控制范围
行内样式表	书写方便，权重高	没有实现样式与内容分离	较少	控制一个标签（小）
内部样式表	样式与内容部分分离	样式与内容没有彻底分离	较多	控制一个页面（中）
外部样式表	完全实现样式与内容分离	需要引入	最多，强烈推荐	控制整个站点（大）

案例 3　样式表优先级

本案例中样式表优先级的原始效果如图 8-47 所示。

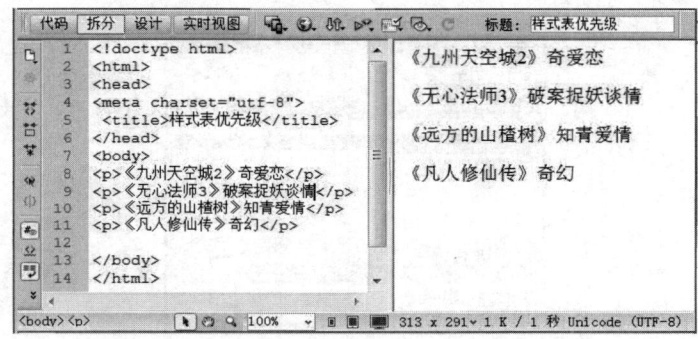

图 8-47　样式表优先级原始效果

经过设计与制作，样式表优先级的最终效果如图 8-48 所示。

图 8-48　样式表优先级最终效果

【制作关键】

如果没有任何样式，那么网页采用浏览器默认设置。如果外部样式表与内部样式表中的样式发生冲突会出现什么情况呢？

提示：与样式表在 HTML 文件中所处的位置有关。样式被应用的位置越在下面则优先级越高；行内样式表的优先级最高。

【Web 前端开发（1+X）技能点提示】

在 HTML 文件中，内部样式表和外部样式表谁靠后，则其优先级就高，如：

...
《凡人修仙传》奇幻
...

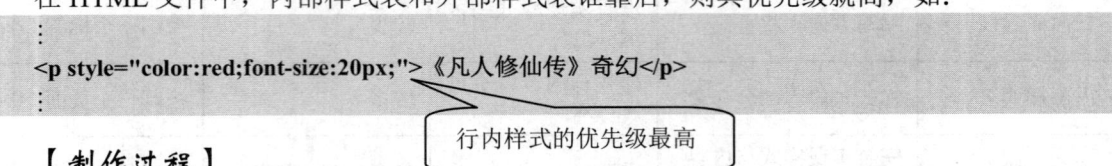

行内样式的优先级最高

【制作过程】

（1）新建站点，命名为"案例 3 样式表优先级"，添加文件夹"css"用于保存 CSS 样式文件，新建一个 HTML 文档，命名为 a_css.html，按图 8-48 编辑网页。

（2）添加内部样式，设置 p 标签选择器样式，文本颜色为蓝色，字体加粗显示，如图 8-49 所示。

图 8-49　内部样式 p

（3）添加外部样式，将样式文件命名为 layout.css，并将其保存在 css 文件夹中，设置 p 标签选择器的样式，文本颜色为绿色，如图 8-50 所示。

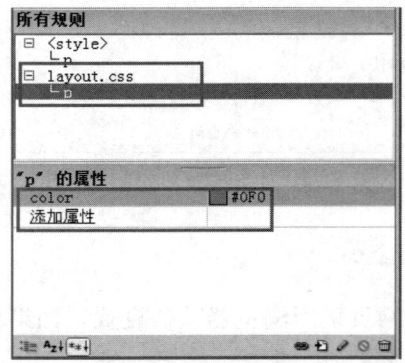

图 8-50　外部样式 p

选中源代码中的 p 标签，按照图 8-51 设置 p 标签的样式，文本颜色为红色，字号为 20px。

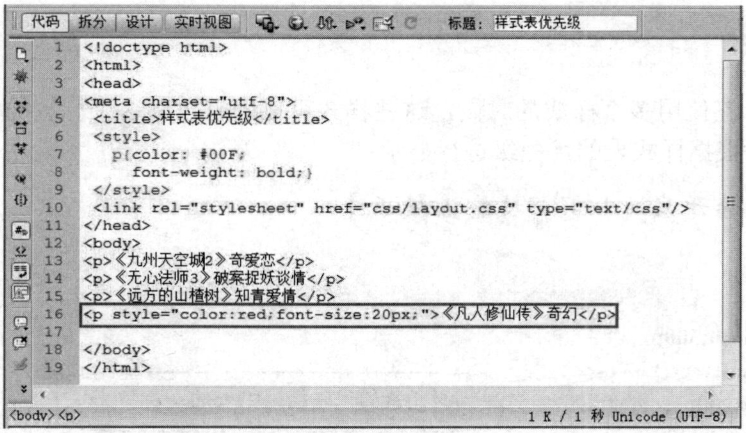

图 8-51　行内样式 p

【技能拓展】

本案例中文件的源代码如图 8-51 所示。

案例 4　CSS 优先级

本案例中 CSS 优先级的原始效果如图 8-52 所示。

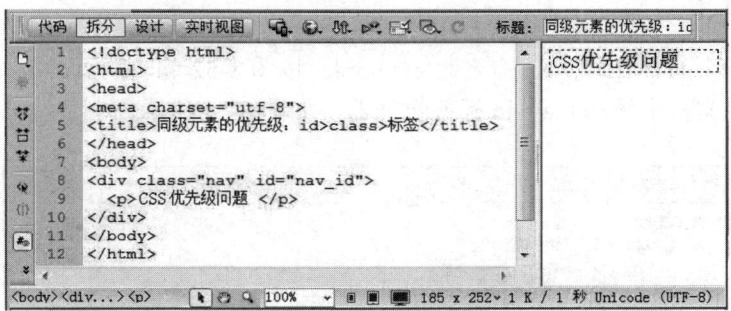

图 8-52　CSS 优先级的原始效果

经过设计与制作，CSS 优先级的最终效果如图 8-53 所示。

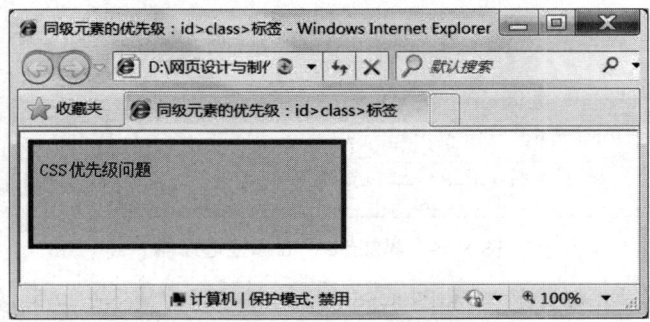

图 8-53　CSS 优先级的最终效果

【制作关键】

当同一个标签使用多个样式的时候，这些样式可以同时控制这个标签的样式显示，如果样式有冲突，则根据样式表的优先级进行显示。

【Web 前端开发（1+X）技能点提示】

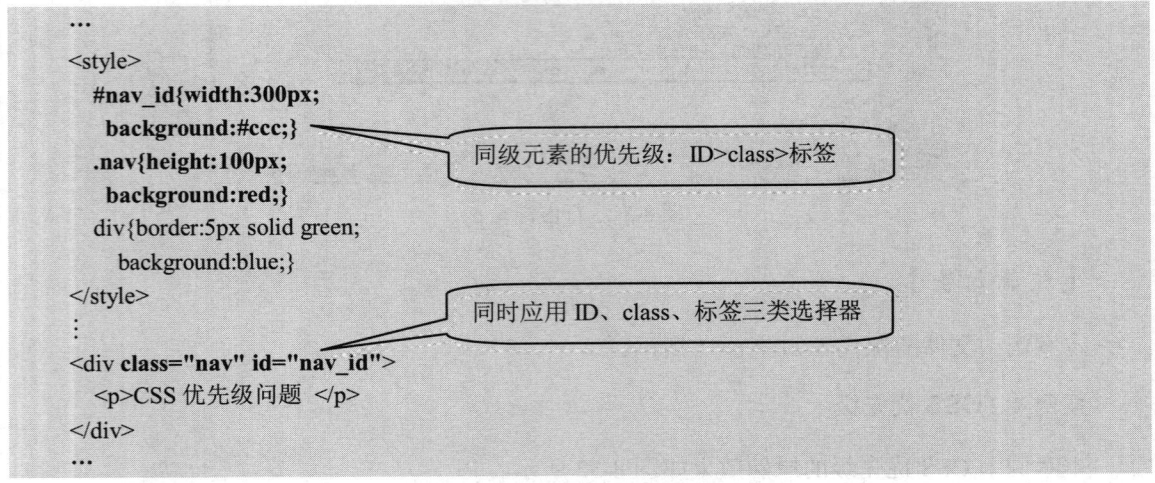

```
...
<style>
  #nav_id{width:300px;
    background:#ccc;}
  .nav{height:100px;
    background:red;}
  div{border:5px solid green;
    background:blue;}
</style>
  ⋮
<div class="nav" id="nav_id">
  <p>CSS 优先级问题 </p>
</div>
...
```

同级元素的优先级：ID>class>标签

同时应用 ID、class、标签三类选择器

【制作过程】

（1）新建一个 HTML 文档，命名为 css.html，按图 8-52 编辑网页。

（2）在当前文档中添加#nav_id 标签选择器，如图 8-54 所示。

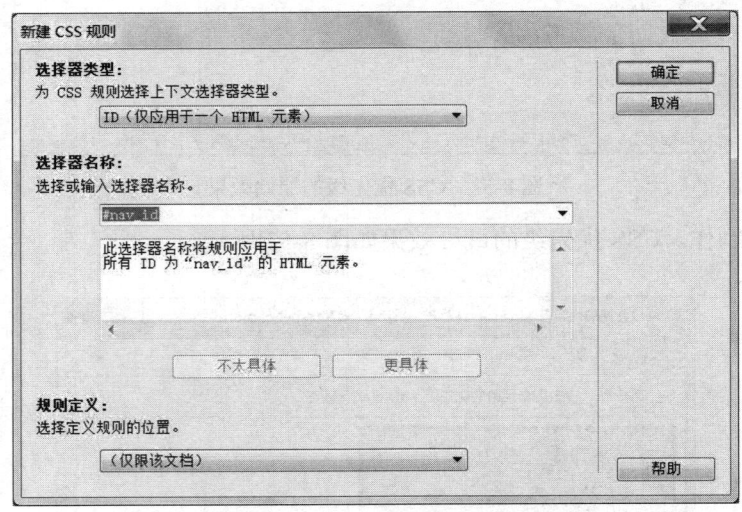

图 8-54 添加#nav_id 标签选择器

（3）#nav_id 的样式如图 8-55 和图 8-56 所示，背景色为#ccc，方框宽度为 300px。

（4）在当前文档中添加.nav 标签选择器，如图 8-57 所示。

第 8 章 CSS

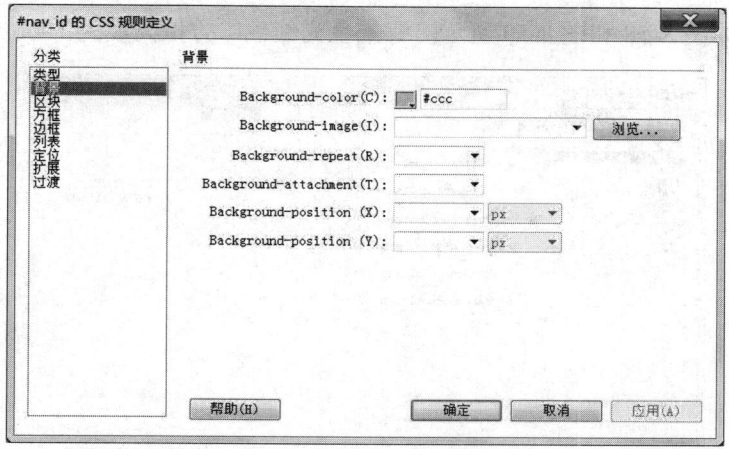

图 8-55 设置#nav_id 的背景色

图 8-56 设置#nav_id 的宽度

图 8-57 添加.nav 标签选择器

.nav 的样式如图 8-58 和图 8-59 所示，背景色为红色，方框高度为 100px。

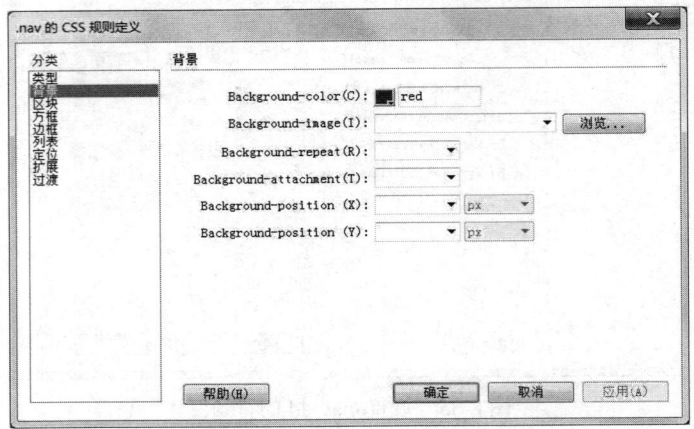

图 8-58　设置.nav 的背景色

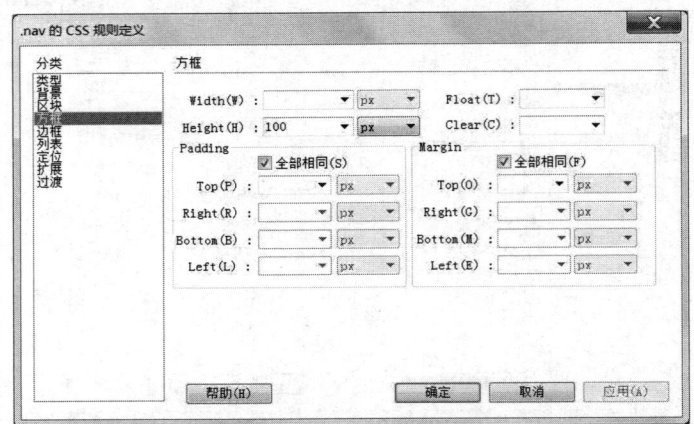

图 8-59　设置.nav 的高度

（5）在当前文档中添加 div 标签选择器，如图 8-60 所示。

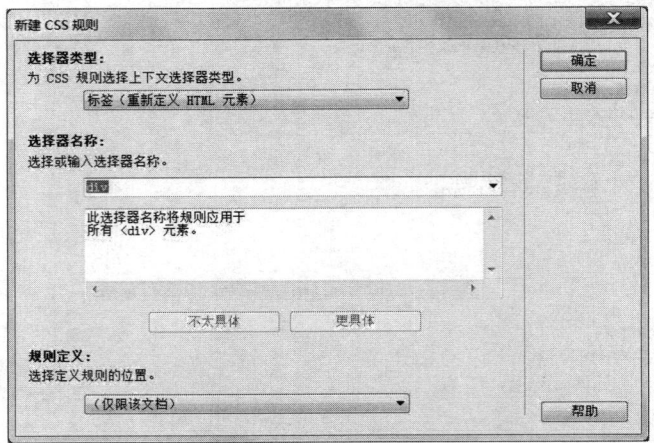

图 8-60　添加 div 标签选择器

（6）div 的样式如图 8-61 和图 8-62 所示，背景色为蓝色，显示宽度为 5px 的绿色实线边框。

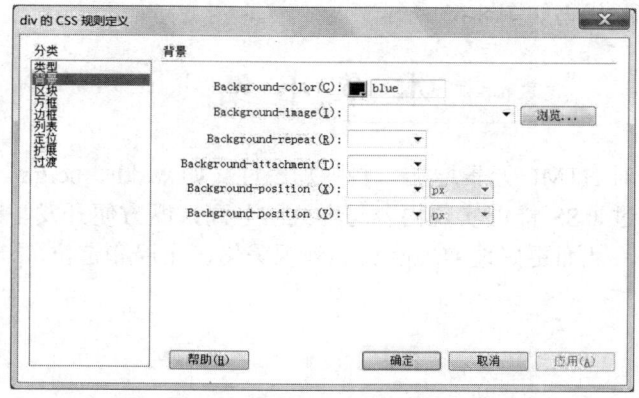

图 8-61　设置 div 的背景色

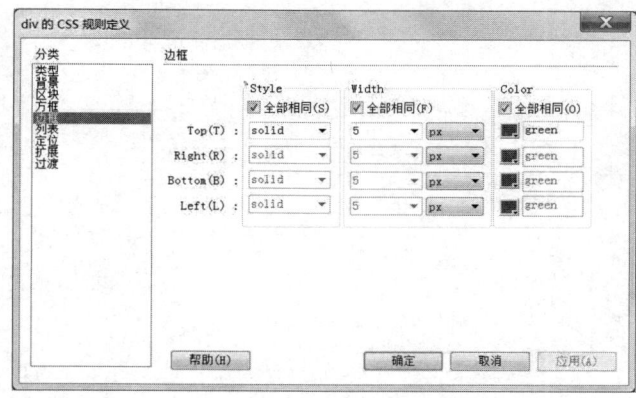

图 8-62　设置 div 的边框

（7）选中 div 标签，在"属性"面板中为其添加 ID 样式#nav_id 和类样式.nav，如图 8-63 所示。

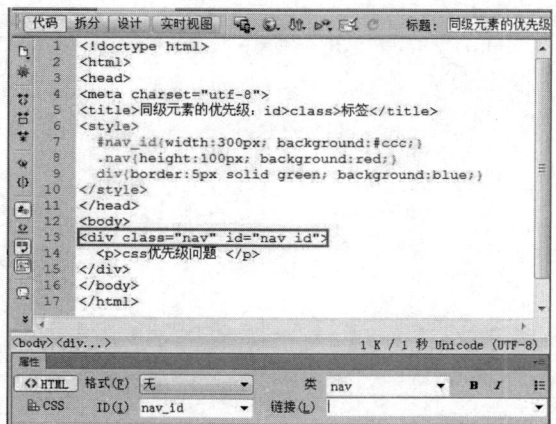

图 8-63　添加样式

【技能拓展】

本案例中文件的源代码如图 8-63 所示。

本 章 小 结

以前我们是通过对 HTML 元素增加一些附加属性（如 width、height、bgcolor 等）来改变页面的外观。现在通过 CSS 能够实现内容与样式的分离，既方便开发与维护，还可以很好地保证页面风格的统一，从而更好地实现网页的外观美化、布局和定位。

Web 前端开发（1+X）考试的考点知识

第一节 文本标签

（1）<p>…</p>：段落标签，用来描述一段文字。
（2）<hx>…</hx>：标题标签，用来描述一个标题。
标题标签总共有六个级别，由高到低分别是 h1，h2，h3，h4，h5，h6，如下所述：
<h1>我是一级标题</h1>
<h2>我是二级标题</h2>
<h3>我是三级标题</h3>
<h4>我是四级标题</h4>
<h5>我是五级标题</h5>
<h6>我是六级标题</h6>
<h1>…</h1>标签在每个页面中通常只出现一次。
（3）<em>…</em>：强调语句标签，用于强调某些文字的重要性。
（4）<strong>…</strong>：更加强调标签，和<em>标签一样，用于强调文本，但它强调的程度更强一些。
（5）<span>…</span>：无语义标签，<span>标签是没有语义的。
（6）<q>…</q>：短文本引用标签，用于简短文本的引用。
（7）<blockquote>…</blockquote>：长文本引用标签，用于长文本的引用。
（8）
：换行标签，
标签的作用相当于 Word 文档中的 Enter 键，起到文字换行的作用。

第二节 多媒体标签

（1）<a>…</a>：链接标签、超链接标签。
（2）<img/>：图片标签。
（3）<video>…</video>：视频标签。
（4）<video src="mov.mp4" controls="controls">：目前 video 支持三种视频格式。
● Ogg：带有 Theora 视频编码和 Vorbis 音频编码的 Ogg 文件。
● MPEG4：带有 H.264 视频编码和 AAC 音频编码的 MPEG4 文件。
● WebM：带有 VP8 视频编码和 Vorbis 音频编码的 WebM 文件。
（5）<audio>…</audio>：音频标签。
<audio src="a01.mp3">…</audio>。

第三节　列　表　标　签

（1）\<ul>\<li>…\<li/>\</ul>：无序列表标签，ul-li 是没有前后顺序的信息列表。
\<ul>…\<ul/>：列表定义一个无序列表。
\<li>…\<li/>：代表无序列表中的每一个元素。

```
<ul>
    <li>HTML<li/>
    <li>CSS<li/>
    <li>JavaScript<li/>
</ul>
```

（2）\<ol>\<li>…\<li/>\</ol>：表示有序列表，默认情况下，在浏览器中每个 li 都会显示一个数字代表自己的序号。

（3）\<dl>…\</dl>：定义列表，通常和\<dt>\</dt>和\<dd>\</dd>标签一起使用。
\<dt>…\</dt>：定义列表中的项目。
\<dd>…\</dd>：描述列表中的项目。

```
<dl>
    <dt>学习 Web 前需要掌握哪三种语言</dt>
    <dd>需要掌握 HTML，搭建网页结构</dd>
    <dd>需要掌握 CSS，用于修改网页结构的样式</dd>
    <dd>需要掌握 JavaScript，用于用户和计算机交互</dd>
</dl>
```

第四节　表　格　标　签

（1）\<table>…\</table>：表格标签。
（2）\<tr>…\</tr>：行标签，表格的一行，有几对 tr 表格就有几行。
（3）\<th>…\</th>：表示表格的表头，为表格头部的一个单元格。
（4）\<td>…\</td>：列标签，表示标准的单元格。表格的一个单元格的一行中，包含几对\<td>\<td/>就说明一行中有几列。

```
<table>
    <tr>
    <th>姓名</th>
        <th>性别</th>
            <th>年龄</th>
    </tr>
    <tr>
        <td>张三</td>
        <td>男</td>
        <td>25</td>
    </tr>
```

```
            <tr>
                <td>小花</td>
                <td>女</td>
                <td>23</td>
            </tr>
            <tr>
                <td>李四</td>
                <td>男</td>
                <td>28</td>
            </tr>
</table>
```

（5）表格合并。

同一行内，合并 2 列的代码为：colspan="2"。

同一列内，合并 3 行的代码为：rowspan="3"。

第五节　表　单　标　签

（1）<form>：表单标签。

<form>…</form>：表单可以把浏览者输入的数据传送到服务器端，供服务器端程序处理。

<form method="传送方式" action="服务器文件">

action：浏览者输入的数据被传送到的地方，如一个 PHP 页面（save.php）。

method：数据传送的方式（get/post）。

（2）<input/>：输入标签，input 是特别重要的表单标签，具有以下几个重要属性：

- name：为文本框命名，用于提交表单，后台接收数据用。
- value：为文本输入框设置默认值（一般起到提示作用）。
- type：通过定义不同的 type（类型），input 的功能也有所不同（见下表）。

类型	输入标签功能说明
text	单行文本输入框
password	密码输入框（密码被显示为***）
radio	单选按钮（checked 属性用于显示选中状态）
checkbox	复选框（checked 属性用于显示选中状态）
file	上传文件
button	普通按钮
reset	重置按钮（单击按钮将触发 form 表单的 reset 事件）
submit	提交按钮（单击按钮将触发 form 表单的 submit 事件）
email	专门用于输入 E-mail 地址
url	专门用于输入 URL 文本

类型	输入标签功能说明
number	专门用于输入数字
range	显示为滑动条，用于输入一定范围内的值
date	选取日期和时间（包含 month、week、time、datetime、datetime-local 等）
color	选取颜色

（3）<button>：按钮标签，button 标签的功能与 input 标签的按钮功能相同，<button>是双标签，内部可以嵌套其他行内元素。

（4）<select>…</select>：下拉列表标签。

```
<select>
    <option value="看书">看书</option>
    <option value="旅游" selected="selected">旅游</option>
    <option value="运动">运动</option>
    <option value="购物">购物</option>
</select>
```

<option value="提交值">选项</option>：表示下拉列表框里面的每一个选项。

selected：当某个 option 选项有这个属性时，select 默认选中这个选项。

（5）<textarea>…</textarea>：文本域，当用户想输入大量文字的时候，使用文本域。

- cols：多行输入域的列数。
- rows：多行输入域的行数。

第六节 其他语义化标签

（1）<div>…</div>：块标签，俗称盒子，由 division（分割）而来。

在网页制作过程过中，可以把一些独立的逻辑部分划分出来，放在一个<div>标签中，这个<div>标签的作用就相当于一个容器。

"逻辑部分"是页面上相互关联的一组元素，如网页中独立的栏目版块就是一个典型的逻辑部分。

（2）<header>…</header>：网页头部标签。HTML5 新增的语义化标签，定义网页的头部，主要用于布局和分割页面的结构。

（3）<footer>…</footer>：底部信息标签。HTML5 新增的语义化标签，定义网页的底部，主要用于布局和分割页面的结构。

（4）<nav>…</nav>：导航标签。HTML5 新增的语义化标签，定义一个导航，主要用于布局和分割页面的结构。

（5）<article>…</article>：文章标签。HTML5 新增的语义化标签，定义一篇文章，主要用于布局和分割页面的结构。

（6）<aside>…</aside>：侧边栏标签。该标签为语义化标签，定义主题内容外的信息，主要用于布局和分割页面的结构。

（7）<time>…</time>：时间标签。该标签为语义化标签，用于定义一个时间。

第七节　页面结构标签

一个 HTML 文件是有自己的固定结构的。

```
<!DOCTYPE html>
    <html>
        <head>
            <meta charset="utf-8">
            <title></title>
        </head>
        <body>
        </body>
    </html>
```

（1）<!DOCTYPE html>：定义文档类型，告知浏览器用哪一种标准来解释 HTML。

（2）<html>…</html>：告知浏览器其自身是一个 HTML 文档。

（3）<head>…</head>：用于定义文档的头部，是所有头部元素的容器。头部元素包括<title><script><style><link><meta>等标签。

（4）<body>…</body>：标签之间的内容是网页的主要内容，包括<h1><p><a><img>等网页内容标签，这里的标签中的内容会在浏览器中显示出来。

（5）<title>…</title>：定义文档的标题。

（6）<link>：将 CSS 样式文件链接到 HTML 文件内。

（7）<meta>：定义文档的元数据，网页的元信息［charset="utf-8"（国际编码类型）］。

Web 前端开发初级（1+X）理论考试样题

（考试时间 9:00—11:30 共 150 分钟）

1. 本试卷共三种题型，满分 100 分。
2. 请在指定位置作答。

一、单选题（每小题 2 分，共 30 小题，共 60 分）

1. 在 HTML 中，用来表示特殊字符引号的是（　　）。
   A．&reg　　　　B．&copy　　　　C．&quot　　　　D．
2. 下面关于文件路径的说法错误的是（　　）。
   A．"../" 是返回当前目录的上一级目录
   B．"../" 是返回当前目录的下一级目录
   C．访问下一级目录直接输入相应的目录名即可
   D．文件路径指文件存储的位置
3. 下列选项中定义标题最合理的是（　　）。
   A．<span class="header">文章标题</span>
   B．<p><b>文章标题</b></p>
   C．<h2>标题</h2>
   D．<div>文章标题</div>
4. 关于引入样式的优先级，说法正确的是（　　）。
   A．内联样式>!important>内部样式>外部样式>!important
   B．!important>内联样式>内部样式>外部样式
   C．内部样式>内联样式>!important>外部样式
   D．以上都不正确
5. 在 HTML 中，不属于 HTML 文档的基本组成部分的是（　　）。
   A．<style></style>　　　　　　B．<body></body>
   C．<html></html>　　　　　　　D．<head></head>
6. 在 HTML 中，下列有关邮箱的链接书写正确的是（　　）。
   A．<A href="telnet:zhangming@aptech.com">发送邮件</A>
   B．<A href="mail:zhangming@aptech.com">发送邮件</A>
   C．<A href="ftp:zhangming@aptech.com">发送邮件</A>
   D．<A href="mailto:zhangming@aptech.com">发送邮件</A>
7. 在 HTML5 中，用于规定输入字段是必填的是（　　）。
   A．readonly　　　B．required　　　C．validate　　　D．placeholder
8. HTML5 的正确的 DOCTYPE 是（　　）。
   A．<!DOCTYPE html>

B. <!DOCTYPE HTML5>

C. <!DOCTYPE HTML PUBLIC "-

D. //W3C//DTD HTML 5.0//EN" "http://www.w3.org/TR/html5/strict.dtd">

9. 以下说法不正确的是（　　）。
   A. HTML5 标准还在制定中 B. HTML5 兼容以前 HTML4 下的浏览器
   C. <canvas>标签替代 Flash D. HTML5 是简化的语法

10. 设定一个元素按规定的动画执行，需要运用的规则是（　　）。
    A. animation B. keyframes
    C. flash D. transition

11. 若每段文字都需要首行缩进两个字的距离，应该设置的属性是（　　）。
    A. text-transform B. text-align
    C. text-indent D. text-decoration

12. 关于 box-shadow，说法正确的是（　　）。
    A. 设置文字投影 B. 第一个值是设置水平距离的
    C. 第二个值是设置水平距离的 D. 第三个值是设置投影颜色的

13. 设置盒子圆角属性的是（　　）。
    A. box-sizing B. box-shadow
    C. border-radius D. border

14. 将 div 类名的以'c'开头的元素添加的文字设置为红色，书写正确的是（　　）。
    A. div[class=^c]{color:red} B. div[class=$c]{color:red}
    C. div[class=c]{color:red} D. div[class=*c]{color:red}

15. 在 HTML 中，可以实现鼠标指针悬停在 div 上元素旋转 45°效果的是（　　）。
    A. div:hover{transform:rotale(45deg)}
    B. div:hover{transform:tanslate(50px)}
    C. div:hover{transform:scale(1.5)}
    D. div:hover{transform:skew(45deg)};

16. 关于 flex，说法正确的是（　　）。
    A. flex 属性用于指定弹性子元素如何分配空间
    B. flex:1 应该写在弹性元素上
    C. 设置 flex:1 无意义
    D. flex 是指设置固定定位

17. 设置一个动画一直处于运动状态属性的是（　　）。
    A. animation-direction B. animation-iteration-count
    C. animation-play-state D. animation-delay

18. 以下不属于 background-clip 的值的是（　　）
    A. border-box B. padding-box C. content-box D. none

19. 运行时会产生错误的是（　　）。
    A. var obj = (); B. var obj = {};
    C. var obj = []; D. var obj = //;

20．结果为真的表达式是（　　）。
　　A．null instance of Object　　　　B．null === undefined
　　C．null == undefined　　　　　　　D．NaN == NaN
21．下面代码的输出结果是（　　）。
```
var a=0,b=0;
    for(;a<10,b<7;a++,b++){
        g=a+b;
    }
console.log(g);
```
　　A．16　　　　　　B．10　　　　　　C．12　　　　　　D．6
22．下列表达式成立的是（　　）。
　　A．parseInt(12.5)==parseFloat(12.5)
　　B．Number("123abc")==parseFloat("123abc")
　　C．isNaN("abc")==NaN
　　D．typeof NaN=="number"
23．在 JavaScript 中运行下面的代码后，num 的值是（　　）。
```
var str = "wang.wu@gmail.com";
var num = str.indexOf(".");
```
　　A．−1　　　　　　B．0　　　　　　C．4　　　　　　D．13
24．阅读下面的 JavaScript 代码，其输出结果是（　　）。
```
function f(y) {
    var x=y*y;
return x;
  }
for(x=0;x< 5;x++) {
y=f(x);
document.writeln(y);
} "
```
　　A．0 1 2 3 4　　　　　　　　　　B．0 1 4 9 16
　　C．0 1 4 9 16 25　　　　　　　　D．以上答案都不对
25．在 JavaScript 中，运行下面代码的输出结果是（　　）。
```
function foo(x){
        var num=5;
        bar=function(y){
           return (x+y+(++num));
        }
    }
console.log(foo(2));
console.log(bar(10));
console.log(bar(10));
```
　　A．undefined,18,19　　　　　　　B．17,18,19
　　C．5,18,19　　　　　　　　　　　D．undefined,18,18

26．下面代码输出正确的是（　　）。

parseInt(3, 8)
parseInt(3, 2)
parseInt(3, 0)

  A．3, 3, 3　　　　　　　　　　　　B．3, 3, NaN

  C．3, NaN, NaN　　　　　　　　　D．other

27．在以下选项中，关于 JavaScript 的 Date 对象，描述正确的是（　　）。

  A．getDay( )方法能返回 Date 对象的一个月中的一天，其值为 1～31

  B．getDate( )方法能返回 Date 对象的一周中的一天，其值为 0～6

  C．getTime( )方法能返回某一时刻（1970 年 1 月 1 日）依赖的毫秒数

  D．getYear( )方法只能返回 4 位年份，常用于获取 Date 对象的年份

28．以下关于 jQuery 节点的说法中错误的是（　　）。

  A．jQuery 中用$(".box").insertBefroe(ele1,ele2)给指定的 ele2 前添加 ele1 元素

  B．jQuery 中用$(".box").append(ele)给 box 类后添加 ele 元素

  C．jQuery 中用$(".box").appendTo(ele)给 box 类后添加 ele 元素

  D．jQuery 中用$(".box").insertAfter(ele1,ele2)给 ele2 后添加 ele1 元素

29．在 jQuery 中，下列关于事件的说法错误的是（　　）。

  A．jQuery 中用 onclick 绑定单击事件

  B．jQuery 中用 on 给未来元素绑定事件

  C．jQuery 中用 hover 绑定鼠标指针经过事件

  D．jQuery 中存在冒泡事件，故需要阻止冒泡

30．在 jQuery 中，能够操作 HTML 代码及其文本的方法是（　　）。

  A．attr()　　　　B．text()　　　　C．html()　　　　D．val()

二、多选题（每小题 2 分，共 15 小题，共 30 分）

1．在 JavaScript 语法中，下列说法正确的是（　　）。

  A．parseInt(43.12)返回值为 43

  B．parseInt('abc43.12')返回值为 NaN

  C．parseFloat('43.13abc')==parseInt(43.12) 返回 true

  D．isNaN(parseFloat('45.13abc'))返回 true

2．JavaScript 中 document 的方法有（　　）。

  A．getElementById　　　　　　　　B．getElementsById

  C．getElementsByTagName　　　　　D．getElementsByName

  E．getElementsByClassName

3．关于 JavaScript 事件的说法，错误的是（　　）。

  A．事件由事件函数、事件源、事件对象组成

  B．当前事件作用在哪个标签上，哪个标签就是事件源

  C．onclick 就是一个事件对象

  D．图片切换使用 JavaScript 的 change 事件

4. 下列关于获取页面元素的说法，正确的是（　　）。
   A. document.getElementById('a')是通过 id 值为 a 获取页面中的一个元素
   B. document.getElementsByName("na")是通过 name 属性值为 na 获取页面中的一个元素
   C. document.getElementsByTagName("div")是通过标签名获取所有的 div
   D. 以上说法都不正确
5. 下列选项中属于 jQuery 属性选择器的是（　　）。
   A. $("img[src$='.gif']")　　　　　　B. $("img")
   C. $("[class][title]")　　　　　　　D. $("div>span")
6. 网页的<body>元素中包含以下 HTML 代码：

```
<div id="box">
    <h2 id='top1' name='header1'>标题 1</h2>
    <h2 id='top2' name='header2'>标题 2</h2>
</div>
```

下列能弹出"标题 1"的 jQuery 代码是（　　）。
   A. alert($('#top1').text());　　　　　　B. alert($('[name=header1]').text());
   C. alert($('[name='header1']').text());　D. alert($('#header1').text());
7. 以下是块级元素的有（　　）。
   A. div　　　　B. img　　　　C. input　　　　D. p
8. 以下标签书写正确的是（　　）。
   A. <p/>　　　B.
　　　C. <hr/>　　　D. <img/>
9. 嵌入在 HTML 文档中的图像格式可以是（　　）。
   A. *.gif　　　B. *.tif　　　C. *.bmp　　　D. *.jpg
10. 关于属性，正确的有（　　）。
    A. 属性要在开始标签中指定，用来表示该标签的性质和特性
    B. 通常都是以"属性名="值""的形式来表示
    C. 一个标签可以指定多个属性
    D. 指定多个属性时不用区分顺序。
11. 属于 HTML5 新增的表单元素的有（　　）。
    A. datalist　　　　　　　　　B. optgroup
    C. output　　　　　　　　　D. legend
12. 关于 media 的说法，正确的是（　　）。
    A. @media 查询，你可以针对不同的媒体类型定义不同的样式
    B. @media 可以设计响应式页面
    C. 在重置浏览器大小的过程中，页面也会根据浏览器的宽度和高度重新渲染页面
    D. media 属性可以在 link 中使用
13. 文字溢出显示省略号应该拥有的属性是（　　）。
    A. overflow: hidden　　　　　B. white-space: nowrap
    C. text-overflow: ellipsis　　　D. width:500px

14. 关于语义化说法错误的是（　　）。

　　A．语义化的 HTML 有利于机器的阅读

　　B．Table 属于过时的标签，遇到数据列表时，需尽量使用 div 来模拟表格

　　C．语义化是 HTML5 带来的新概念，此前版本的 HTML 无法做到语义化

　　D．Header、article、address 都属于语义化明确的标签

15. background-origin 的值有（　　）。

　　A．none　　　　B．border-box　　　C．content-box　　　D．padding-box

三、判断题（每小题 2 分，共 5 小题，共 10 分。在每小题后对应括号内填入判断结果，正确的选项填写√，错误的选项填写×。）

1. H5 就是 HTML5 的简称。　　　　　　　　　　　　　　　　　　　　　　　（　　）
2. CSS Sprites 整理起来更为方便，同一个按钮不同状态的图片也不需要一个个切割出来并逐个命名。　　　　　　　　　　　　　　　　　　　　　　　　　　　　　（　　）
3. slideUp()方法通过高度变化（向上减小）来动态地隐藏所有匹配的元素。　（　　）
4. 在 jQuery 中，addClass()可以增加多个样式，各个样式间用":"隔开。　　（　　）
5. "padding:10px;"语句只设置上边填充为 10px，其他三边为 0px。　　　　（　　）

Web 前端开发初级（1+X）实操考试样题

（考试时间 14:00—16:30 共 150 分钟）

1. 本试卷共五道题，满分 100 分。
2. 请在指定位置或开发环境下作答。

试题一（22 分）

阅读下列说明、效果图和 HTML 代码，进行静态网页开发，填写（1）～（11）各处的代码。

【说明】

这是某电商类网站服装商品展示页面的局部，该网站正在促销秋冬季女装。现在需要编写该网站效果图部分代码。

项目名称为 shopping，包含首页 index.html 文件、css 文件夹、img 文件夹。其中，css 文件夹包含 index.css 文件；img 文件夹包含 img1.jpg、img2.jpg、img3.jpg、img4.jpg、img5.jpg 图片文件。

【效果图】

制作出的效果图如下图所示。

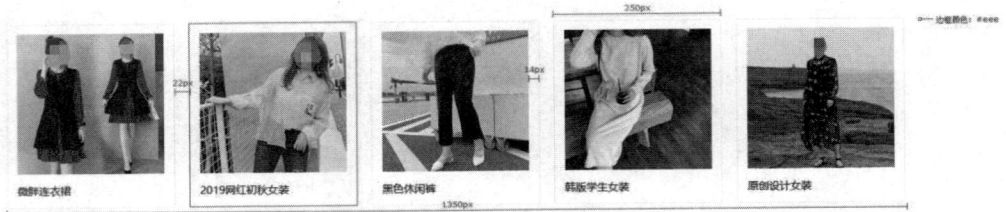

【代码：首页 index.html 文件】

```
<html>
<head>
    <title>商品展示</title>
    <meta charset="utf-8">
    <link rel="stylesheet" type="text/css" href="css/index.css" />
</head>
<body>
<div class="box">
    <div class="con">
<!-- 根据上下文填入合适的标签 -->
<____(1)____ class="clear">
            <li>
                <img src="img/img1.jpg">
                <p>微胖连衣裙</p>
            </li>
```

```
                <li>
                    <img src="img/img2.jpg">
                    <p>2019 网红初秋女装</p>
                </li>
                <li>
                    <img src="img/img3.jpg">
                    <p>黑色休闲裤</p>
                </li>
                <li>
                    <img src="img/img4.jpg">
                    <p>韩版学生女装</p>
                </li>
                <li>
                    <img src="img/img5.jpg">
                    <p>原创设计女装</p>
                </li>
            </____(2)____>
        </div>
    </div>
</body>
</html>
```

【代码：index.css 文件】
```
body,h1,h2,h3,h4,h5,h6,p,ul,ol,dl,dd{
    margin: 0;
    padding:0;
}
/*清理默认 li 样式*/
ul{
    ____(3)____ : ____(4)____ ;
}
/*显示为块级元素*/
img{
    ____(5)____ : ____(6)____ ;
}
/*清理左右浮动*/
.clear:after{
    content: "";
    display: block;
    ____(7)____ : ____(8)____ ;
}
.box{
    width: 100%;
}
.box .con{
    width: 1375px;
    margin:0 auto;
}
.box .con ul{
```

```
        padding-top:30px;
}
/*左浮动*/
.box .con ul li{
        ____(9)____:____(10)____;
    width: 250px;
    margin:0 22px 22px 0;
    border:1px solid #eee;
}
.box .con ul li img{
    margin:15px auto 0;
}
.box .con ul li p{
    padding:15px;
}
/*设置鼠标指针移入添加红色边框*/
.box .con ul  li:____(11)____ {
    border:1px solid red;
}
```

【问题】(22 分，每空 2 分)

进行静态网页开发，补全代码，在（1）~（11）各处填入正确的内容。

试题二（26 分）

阅读下列说明、效果图，进行静态网页开发，填写（1）~（13）各处的代码。

【说明】

现接到思极商务有限公司官网页面开发的项目，根据业务需求，需要将业务列表页面的每一个业务以卡片形式展示；同时为提升用户体验感受，要求实现每个卡片在鼠标指针经过时有旋转和放大效果。

项目名称为 goods，包含首页 index.html 文件、css 文件夹、img 文件夹。其中，css 文件夹包含 style.css 文件；img 文件夹包含 icon-img.jpg、icon-img2.jpg、icon-img3.jpg 图片文件。

请使用 HTML+CSS3 完成以下效果，并在对应代码处将空缺代码补全。

【效果图】

（1）下图所示为鼠标指针经过前。

（2）下图所示为鼠标指针经过时。

【代码：首页 index.html 文件】

```
<html>
<head>
    <title>第二题</title>
    <meta charset="utf-8">
<!-- 根据说明正确导入当前目录下 css 文件夹中的 style.css -->
<link rel="stylesheet" type="text/css"   href="____（1）____" >
</head>
<body>
<div class="box">
    <div class="con">
        <ul class="clear">
            <li>
                <img src="img/icon-img.jpg">
                <p>优化速度</p>
                <span>更多</span>
            </li>
            <li>
                <img src="img/icon-img2.jpg">
                <p>营销分析</p>
                <span>更多</span>
            </li>
            <li>
<!-- 根据上下文填写正确的标签 -->
                <____（2)____  src="img/icon-img3.jpg">
                <____（3)____ >SEO 和导入链接</p>
                <span>更多</span >
            </li>
        </ul>
    </div>
</div>
```

```
</body>
</html>
```

【代码：style.css 文件】

```
/* 注意：此处省略了部分与本题无关的CSS代码 */
.box .con ul li{
    float:left;
    background-color: #fff;
    width: 380px;
/*设置li边框为圆角、15px，文字对齐方式为居中*/
        (4)     :    (5)    ;
        (6)     :    (7)    ;
    overflow: hidden;
}
.box .con ul li:nth-child(2){
    margin:0 30px;
}
.box .con ul li img{
    margin:50px auto 0;
/*此处设置图片的过渡效果为0.8s*/
        (8)    :0.8s;
}
.box .con ul li p{
/*设置内边距上、下为0，左、右为15px*/
        (9)    :    (10)    ;
    line-height: 140px;
    border-bottom:1px solid #ddd;
    font-weight: 600;
    color:#555;
}
.box .con ul li span{
    display: block;
    width: 100%;
    height:60px;
    line-height: 60px;
/*此处设置文字的过渡效果为0.8s*/
        (11)   :0.8s;
}
/*用CSS3实现鼠标指针经过时图片旋转360°、放大1.3倍，指针离开后再旋转还原*/
.box .con ul li:hover img{
        (12)   :   (13)   ;
}
.box .con ul li:hover span{
    background-color: #f7c324;
    font-weight: 600;
}
```

【问题】（26 分，每空 2 分）

进行静态网页开发，补全代码，在（1）～（13）各处填入正确的内容。

试题三（20 分）

阅读下列说明、效果图和代码，进行静态网页开发，填写（1）～（10）各处的代码。

【说明】

现接到某电商网站注册、登录页面开发的项目，在注册页面需要进行前端验证。具体要求：用户名长度和格式验证、邮箱格式验证、密码长度和格式验证、密码与重复密码一致性验证。

项目名称为 verify，包含首页 index.html 文件、css 文件夹、js 文件夹。其中，css 文件夹包含 style.css 文件，js 文件夹包含 index.js 文件。

【效果图】

制作出的页面效果如下图所示。

【代码：首页 index.html 文件】

```
<html>
<head>
    <title>登录</title>
    <meta charset="utf-8">
    <link rel="stylesheet" type="text/css" href="css/style.css">
</head>
<body>
    <div class="box" id="box">
        <h2>注册</h2>
        <form action="" method="post">
            <ul>
                <li>
                    <label><span>*</span>用户名：</label>
                    <input type="text" name="username" placeholder="字符串长度为6～20，包含数字和字母" id="username">
                </li>
                <li>
```

```html
                <label><span>*</span>电子邮箱：</label>
                <input type="text" name="email" placeholder="输入正确的电子邮箱地址"
                    id="email">
            </li>
            <li>
                <label><span>*</span>密码：</label>
                <input type="password" name="pwd" placeholder="设置密码" id="pwd">
            </li>
            <li>
                <label><span>*</span>确认密码：</label>
                <input type="password" name="pwdOk" placeholder="确认密码必须与密码一致"
                    id="pwdOK">
            </li>
        </ul>
        <button name="submit">提交</button>
    </form>
</div>
<script src="js/index.js"></script>
</body>
</html>
```

【代码：index.js 文件】

```javascript
//自定义验证用户名的方法
function validate_strLenght(str) {
    var regExp = /^(\w){6,20}$/;
    return regExp.test(str);
}
//自定义验证 email 的方法
function validate_email(str) {
    var regExp = /^\w+([-+.]\w+)*@\w+([-.]\w+)*\.\w+([-.]\w+)*$/;
    return regExp.test(str);
}
//自定义验证密码的方法
function validate_pwd(str) {
    var regExp = /^[a-zA-Z]\w{5,15}/;
    return regExp.test(str);
}
//根据表单控件 user 的 id 填写
var username = document.getElementById("____(1)____");
//通过 id 获取元素
var email = document.____(2)____("email");
//根据表单控件 pwd 的 id 填写
var pwd = document.getElementById("____(3)____");
//通过 id 获取元素
var pwdOK = document.____(4)____("pwdOK");
//通过标签名获取元素
var form = document.____(5)____("form")[0];
```

```
//表单提交
form.____(6)____ = function () {
    //使用自定义方法验证用户名、验证邮箱
    if (validate_strLenght(____(7)____) && ____(8)____(email.value) && validate_pwd(pwd.value) &&
    checkOk()) {
        console.log(username.value)
        console.log(email.value)
        console.log(pwd.value)
        return false;
    } else {
        //控制台输出
        ____(9)____.log("验证失败")
        return false;
    }
}
// 检查用户名
username.onblur = function () {
    if (validate_strLenght(username.value)) {
        console.log("用户名符合要求")
    } else {
        console.log("用户名不符合要求")
    }
}
//检查 meil
email.onblur = function () {
    if (validate_email(email.value)) {
        console.log("邮箱格式符合要求")
    } else {
        console.log("邮箱格式不符合要求")
    }
}
// 密码框失去焦点的时候
pwd.____(10)____ = function () {
    if (validate_pwd(pwd.value)) {
        console.log("密码符合要求")
    } else {
        console.log("密码不符合要求")
    }
}
function checkOk() {
    if (pwd.value == pwdOK.value) {
        console.log("密码与重复密码一致")
        return true
    } else {
        console.log("密码与重复密码不一致")
        return false
```

```
            }
    }
    pwdOK.onkeyup = checkOk
```

【问题】(20 分，每空 2 分)

根据注释补全代码，在（1）～（10）各处填入正确的内容。

试题四（16 分）

阅读下列说明、效果图和代码，进行动态网页开发，填写（1）～（4）各处的代码。

【说明】

某公司要制作自己的官网首页，经过研究，侧边栏采用手风琴菜单效果。现在我们需要编写该网站效果图部分的代码。

项目名称为 accordion，包含首页 index.html 文件、css 文件夹、js 文件夹。其中，css 文件夹包含 style.css 文件；js 文件夹包含 jquery.min.js 和 index.js 文件。

【效果图】

制作出的效果如下图所示。

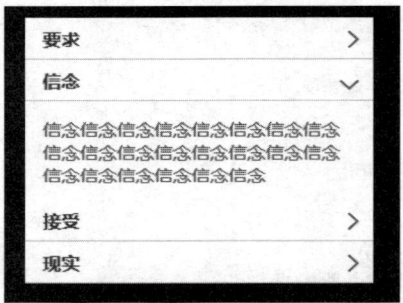

【代码：首页 index.html 文件】

```html
<html>
<head>
    <title>手风琴效果</title>
    <meta charset="utf-8">
    <link rel="stylesheet" type="text/css" href="css/style.css">
    <script src="js/jquery.min.js"></script>
</head>
<body>
<div class="box">
    <ul><li>
            <h2>要求<span></span></h2>
            <div><p>要求要求要求要求要求要求要求要求要求要求要求要求要求要求要求要求
            </p></div>
        </li>
        <li>
            <h2>信念<span></span></h2>
```

```html
            <div><p>信念信念信念信念信念信念信念信念信念信念信念信念信念
                信念信念信念信念信念</p></div>
        </li>
        <li>
            <h2>接受<span></span></h2>
            <div><p>接受接受接受接受接受接受接受接受接受接受接受接受接受接受接受接
                接受接受接受接受接受接受</p></div>
        </li>
        <li>
            <h2>现实<span></span></h2>
            <div><p>现实现实现实现实现实现实现实现实现实现实现实现实现实现实现实
                现实现实现实现实现实现实现实现实现实现实现实</p></div>
        </li>
    </ul>
</div>
<script src="js/index.js"></script>
</body>
</html>
```

【代码:index.js 文件】

```
$(".box ul li h2").click(function(e){
    e.stopPropagation();
    //被单击的 h2 的 next 的 div 下拉展开,其余的 li 内部的 div 上拉收起,时间为 800ms
    $(this).next().stop().____(1)____.parents("li").siblings().find("div")
        .stop().____(2)____;
    $(this).parent().stop().addClass("cur").siblings().stop().removeClass("cur");
})
//单击事件
$(document).____(3)____(function(){
    //所有 div 上拉收起,时间 800ms
    $(".box ul li").find("div").____(4)____;
})
```

【问题】(16 分,每空 4 分)

根据注释补全代码,在(1)~(4)各处填入正确的内容。

试题五 (16 分)

阅读下列说明、效果图和代码,进行静态网页开发,填写(1)~(8)各处的代码。

【说明】

某互联网公司开发官网的首页,为了适配移动端,决定菜单采用底部固定形式。现在需要编写代码实现效果。

项目名称为 menu,包含首页 index.html 文件、css 文件夹、js 文件夹。其中,css 文件夹包含 style.css 文件;js 文件夹包含 jquery.min.js 和 index.js 文件。

【效果图】

制作出的效果如下图所示。

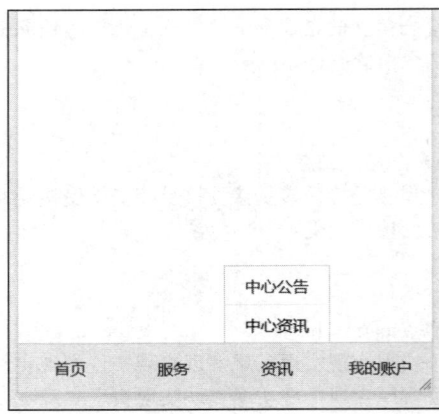

【代码：首页 index.html 文件】

```html
<html>
<head>
    <title>底部菜单</title>
    <meta charset="utf-8">
<metaname="viewport"content="width=device-width,initial-scale=1,maximum-scale=1,user-scalable=no">
<link rel="stylesheet" href="css/style.css">
    <script src="js/jquery.min.js"></script>
</head>
<body>
    <div class="layout-footer">
        <div class="bottom_nav">
            <a href="">首页</a>
        </div>
        <div class="bottom_nav">
            <div class="layout-submenu">
                <div class="sub_menu" style="border-bottom: 1.5px solid #F2F2F2"><a>项目</a></div>
                <div class="sub_menu">项目</div>
            </div>
            <a>服务</a>
        </div>
        <div class="bottom_nav">
            <div class="layout-submenu">
                <div class="sub_menu" style="border-bottom: 1.5px solid #F2F2F2"><a>中心公告</a></div>
                <div class="sub_menu">中心资讯</div>
            </div>
            <a>资讯</a>
        </div>
        <div class="bottom_nav">
            <a>我的账户</a>
        </div>
</div>
<script src="js/index.js"></script>
```

```
</body>
</html>
```

【代码：style.css 文件】
```css
a {
        text-decoration: none;
        color: #333;
    }
/*固定定位*/
    .layout-footer {
        position: ____(1)____;
        z-index: 9999;
/*左边距离 0px，底边距离 0px*/
        left: ____(2)____;
        bottom: ____(3)____;
/*实现 flex 布局，主轴对齐方式是两端对齐，所有项目之间的间隔都相等*/
        display: ____(4)____;
        justify-content: ____(5)____;
        width: 100%;
        height: 50px;
        border-top: 1px solid gainsboro;
        color: black;
        text-align: center;
        background-color: #f2f2f2;
    }
    /*此处省略部分与本题无关的 CSS 代码*/
```

【代码：index.js 文件】
```javascript
$(".bottom_nav a").click(function (e) {
    e.stopPropagation();
    //被单击的 a 的上一个 div 元素样式设置为 block，隐藏其余项目的 div
    $(this).prev().stop().____(6)____.parent().siblings()
        .children(".layout-submenu").stop().____(7)____;
})
        $(document).click(function () {
            //单击页面的任意地方，取消全部二级菜单
            $(".box ul li").find("div").____(8)____;
        })
```

【问题】（16 分，每空 2 分）
根据注释补全代码，在（1）～（8）各处填入正确的内容。

Web 前端开发初级（1+X）理论考试样题答案

一、单选题（每小题 2 分，共 30 小题，共 60 分）

第1题	第2题	第3题	第4题	第5题
C	B	C	C	A
第6题	第7题	第8题	第9题	第10题
D	B	A	A	B
第11题	第12题	第13题	第14题	第15题
C	B	C	A	A
第16题	第17题	第18题	第19题	第20题
A	B	D	A	C
第21题	第22题	第23题	第24题	第25题
C	D	C	B	A
第26题	第27题	第28题	第29题	第30题
D	C	C	A	C

二、多选题（每小题 2 分，共 15 小题，共 30 分）

第1题	第2题	第3题	第4题	第5题
AB	ACDE	BCD	AC	AC
第6题	第7题	第8题	第9题	第10题
AB	AD	BCD	ACD	ABCD
第11题	第12题	第13题	第14题	第15题
AC	ABCD	ABCD	ABC	BCD

三、判断题（每小题 2 分，共 5 小题，共 10 分）

第1题	第2题	第3题	第4题	第5题
×	×	√	×	×

Web 前端开发初级（1+X）实操考试样题答案

试题一（每空 2 分，共 22 分）

（1） ul
（2） ul
（3） list-style
（4） none
（5） display
（6） block
（7） clear
（8） both
（9） float
（10） left
（11） hover

试题二（每空 2 分，共 26 分）

（1） css/style.css   或者 ./css/style.css
（2） img
（3） p
（4） border-radius
（5） 15px
（6） text-align
（7） center
（8） transition
（9） padding
（10） 0 15px   或者 0px 15px
（11） transition
（12） transform
（13） rotate(360deg)   scale(1.3) 或者 scale(1.3)   rotate(360deg)

试题三（每空 2 分，共 20 分）

（1） username
（2） getElementById
（3） pwd
（4） getElementById

（5）getElementsByTagName
（6）onsubmit
（7）username.value
（8）validate_email
（9）console
（10）onblur

试题四（每空 4 分，共 16 分）

（1）slideDown(800)
（2）slideUp(800)
（3）click
（4）slideDown(800)

试题五（每空 2 分，共 16 分）

（1）fixed
（2）0 或者 0px
（3）0 或者 0px
（4）flex
（5）space-between
（6）css("display", "block")
（7）css("display", "none")
（8）css("display", "block")

参 考 文 献

[1] 工业和信息化部教育与考试中心．Web 前端开发初级．上册[M]．北京：电子工业出版社，2019．
[2] 工业和信息化部教育与考试中心．Web 前端开发初级．下册[M]．北京：电子工业出版社，2019．
[3] 北京新奥时代科技有限责任公司．Web 前端开发实训案例教程初级[M]．北京：电子工业出版社，2019．
[4] 北京阿博泰克北大青鸟信息技术有限公司职业教育研究院．使用 HTML 语言和 CSS 开发商业站点[M]．北京：科学技术文献出版社，2012．
[5] 传智播客高教产品研发部．网页设计与制作：HTML+CSS[M]．北京：中国铁道出版社，2014．
[6] 黑马程序员．网页设计与制作：HTML5+CSS3+JavaScript[M]．北京：中国铁道出版社，2018．
[7] 黑马程序员．HTML5+CSS3 网页设计与制作[M]．北京：人民邮电出版社，2020．
[8] 许昭霞．网页设计与制作：Dreamweaver CS5[M]．北京：电子工业出版社，2016．
[9] 老虎工作室．网页设计与制作：Dreamweaver+Flash+Photoshop+HTML5+CSS3：慕课版[M]．北京：人民邮电出版社，2017．
[10] 杨宇虹，张会展．Dreamweaver CS6 网页设计与制作[M]．北京：科学出版社，2016．
[11] 孟宪宁．边做边学：Dreamweaver CS6 网页设计案例教程：微课版[M]．3 版．北京：人民邮电出版社，2020．
[12] 杨选辉．网页设计与制作教程[M]．北京：清华大学出版社，2008．